십자가의

# 목회

# 십자가의 목회

# 십자가의
# 목회

앤드류 퍼브스 저 ― 안정임 옮김

도서
출판 새세대

자신의 사역을 십자가에 못박고도 신앙의 열정을 잃지 않는

주의 용사들에게 이 책을 바친다.


아울러 나의 멋진 반려자이자 예수 그리스도의 신실한 종이며

사역을 못박을 때의 고통과 소망을 아는

사랑스런 아내 캐시에게도 이 책을 헌정한다.

십자가의
# 목회

# 차례

# 머리말

휴가가 끝나갈 무렵, 나와 아내는 해변을 거닐면서 이제 곧 돌아가게 될 각자의 일을 생각하고 있었다. 아내 캐시는 교회 목회로, 나는 신학대학원 교수로 돌아가야 했다. 아내는 특히 교회의 이런저런 문제로 마음고생이 심할 때였다. 여러 감정들이 교차했지만 아무리 애를 써도 변하는 것이 하나도 없는 것 같다는 좌절감이 가장 크다고 나에게 말했다.

그때 문득 나의 뇌리를 스치고 지나가는 생각이 있었다. 사실상 우리 기독교 사역자들이 바꿀 수 있는 것은 거의, 아니 전혀 없는 것이 아닐까? 무언가 가치 있는 일이 일어나려면 반드시 예수님이 일하셔야만 하지 않겠는가!

단순한 깨달음이었지만 내게는 중요하고도 획기적이라고까지 할 수 있는 생각이었다. 나는 목회 신학을 전공한 사람이다. 따라서 목회 이론과 신학에 대해서는 꽤 정통하다고 말할 수 있다. 그러나 해변을 거닐던 그날에 나는 목회나 사역 자체가 구속력을 갖고 있는 것이 아니라 오로지 예수님의 역사만이 구속력이 있다는 사실을 새삼 마음에 아로새기고 있었다.

직업이 신학자이다 보니 나는 주로 후방에서 목회와 사역을 지켜보는 위치에 서 있다. 내가 하는 일은 생각하고, 가르치고, 글을 쓰는 일이다. 그러나 하루하루 목회의 기쁨과 좌절을 맛봐야 하는 목사 아내와 살면서 참으

십자가의 *목회* :우리의 야심을 버리고 그리스도를 섬기는 법

로 많은 것을 깨닫게 되었다. 목회자와 사역자들은 죄인을 용서할 수도, 죽은 자를 살리거나 하나님의 나라를 임하게 할 수도 없다. 또한 교회를 부흥케 할 수도, 불신자를 회개시킬 수도, 병든 자를 치료할 수도 없다. 아내의 좌절과 고충은 내게 지극히 당연한 사실 하나를 일깨워 주었다. 그것은 예수님이 오셔서 약속하신 일을 해 주셔야만 한다는 것이었다.

바닷가를 거닐던 그날 불현듯 이런 생각도 들었다. 효과적인 사역이나 목회를 하려고 애쓰는 것이 오히려 가장 큰 문제가 아닐까? 우리는 훼방을 놓고 있었다. 우리의 전략, 프로그램, 목회 자원, 기업체 식의 교회 부흥 테크닉 등은 해결책이 아니라 도리어 문제점이었다. 진정한 해법은 그 모든 것을 십자가에 못박는 것이다. 우리는 그것들을 죽여야만 한다.

그럼, 예수님이 오셔서 사역을 대신해 주신다면…? 그것이 우리의 유일한 희망이다. 사람들은 우리가 필요한 것이 아니라 예수님이 필요한 것이다. 우리가 할 일은 예수님이 계속해서 용서하고, 축복하고, 치유하고, 변화시키고, 가르치고, 생명을 주신다는 사실을 믿고 증언하는 일이다.

이 책은 내가 쓴 「목회 신학의 재구성: 기독론의 기초(Reconstructing Pastoral Theology: A Christological Foundation)」(Westminster John Knox, 2004)에 나오는 내용을 재구성한 부분이 있지만 그렇더라도 이 책의 독자성을 훼손하지는 않는다. 또한 완전히 새로운 자료들도 포함되어 있다. 지난 번 책에서는 목회를 십자가에 못박아야 한다고 주장했고 목회 구조를 증언과 해석과 상징적 행동이라는 측면에서 살펴보았지만 이 책에서는 그 결론들을 한층 더 깊은 차원으로 발전시켰다.

지난 이태 동안 나의 강연과 설교를 들어 준 목회자와 사역자들에게 감사한다. 그들은 내 말에 중요한 뭔가가 있다고 얘기해 주었다. 그런 사람들과 함께 일하는 것이 내게 얼마나 큰 축복인지 모른다. 피츠버그 신학대학원에서 내 강의를 듣고 격려해 준 학생들에게도 고맙다는 말을 하고 싶다. 마지막으로, 언제나 듬직하고 자랑스러운 동료 교수들에게 고마움을 전한다. 우리 가운데서 일하시는 하나님의 역사에 동참한다는 건 얼마나 멋지고 뿌듯한 특권인가!

십자가의 *목회* :우리의 야심을 버리고 그리스도를 섬기는 법

# 하나님이 당신의 목회를 아직 죽이지 않으셨는가?

목회를 십자가에 못박는다는 것은 좋은 소식이다! 내가 이 책을 쓴 목적은 목회, 혹은 기독교 사역에 대한 올바른 관점을 제시하여 목회자, 혹은 사역자들로 하여금 '모든 것은 나 하기에 달렸어'라는 자기중심적 압박감에서 해방시키려는 것이다. 그런 면에서 이 책의 주제는 크게 두 가지로 요약된다:

1. 오늘날 우리가 목회와 사역 속에서 병드는 이유는 그것이 '내 일'이라고 생각하는 데에 그 근본 원인이 있다.

2. 기독교 사역이란 예수 그리스도가 하시는 사역을 함께 공유하는 것임을 명심해야 한다. 예수님이 계시는 곳에 교회가 있고, 교회 사역이 있다.

나는 더 이상 목회를 지속하기 힘들 만큼 바쁘고, 지치고, 절망감마저 느끼고 있는 중견 목회자와 사역자들을 염두에 두고서 이 책을 썼다. 바라건대 자기식의 '성공'에 도취되어 살아가는 일부 목회자와 사역자들도 이 책을 읽고 새로운 길을 발견했으면 좋겠다.

## 하나님이 하시는 일

먼저 목회와 사역의 변함없는 출발점인 하나님의 사역에서 이야기를 시작하겠다. 다시 말해 하나님이 지금 무엇을 하시는가에 초점을 맞춘다는 뜻이다. 하나님의 사역은 결코 쉬운 개념이 아니다. 가장 중요한 점은 현재 우리가 하는 사역에서 하나님이 주인공이라는 사실이다. 그렇지 않고는 우리가 하나님을 알 도리가 없다. 당신은 예수님이 살아 계시고 다스리시며 역사하시는 주님이라고 믿는가? 그 믿음이 모든 일의 구심점이다.

문제는 '이쪽이냐, 저쪽이냐' 하는 것이다. 그럼 '이쪽'의 관점을 살펴보자. 만일 예수님이 존속하는 '도덕적 영향력'에 불과하다면 믿음과 생명과 사역으로 모든 것을 이루고 실현하는 일은 오롯이 우리들의 몫이 되고 만다. 예수님은 무능력하고 별다른 도움이 되지 않는다. 호박 안에 갇힌 화석처럼 예수님은 그저 추상적이며 이론적인 신학 체계에 갇혀 있을 뿐이다. 예수님은 하나의 이념에 불과하기 때문에 현 시대에 그분의 가르침을 실현하려면 어떻게든 그것을 성육신하려고 발버둥쳐야 한다. 우리에게 도덕률과 사역 명령을 하달하신 예수님은 지금 우주 밖에서 팔짱을 끼고 앉아 우리가 뭔가를 해 주길 기다리실 것이다. 우리가 기대할 수 있는 건 기껏해야 치어리더 예수님이다. 잘하면 기뻐하며 응원해 주시겠지만 경기를 직접 뛰지는 않으신다.

그렇다면 존속하는 도덕적 영향력이라는 은유적 존재로 예수님을 생각하는 사람에게 남는 것은 무엇일까? 필연적으로 죄책감과 탈진 사이를 오고갈 수밖에 없는 목회와 사역이 남을 뿐이다. 그들은 끊임없이 '해야 한다'는 강박관념에 짓눌려 일하고 또 일한다. 그러나 자신이 아무 것도 할 수

십자가의 **목회** :우리의 야심을 버리고 그리스도를 섬기는 법

없음을 깨닫는 데에는 그리 오랜 시간이 걸리지 않는다.

자, 그럼 '저쪽'을 살펴보자. 예수님은 우리 개인의 삶과 사역은 물론이고 세상 모든 사람들의 삶에서 적극적으로 일하시는 능동적인 하나님이다. 그러므로 문제는 '예수님이 우리 사역에서 어떻게 역사하시는가?'가 아니다. 그분은 살아 계시고 세상을 통치하는 주관자이기 때문에 '예수님이 지금 무엇을 하고 계시며 나는 그분이 하시는 일에 어떻게 숟가락이라도 얹을 것인가?'라고 물어야 한다.

## 그리스도가 계신 곳에 교회가 있다

우리는 그리스도와의 연합을 통해 그분의 일에 참여하게 된다는 전통적 기독교 교리에서 해답을 찾아야 한다. 우리가 하는 모든 일은 성령으로 우리 안에 내주하시는 하나님과 어제나 오늘이나 영원히 변함없는 예수 그리스도로 말미암는 것이다. 기독교 사역이란 결국 예수님이 하시는 일이기 때문에 사역은 율법이 아니라 복음이요, 의무가 아니라 은혜다.

사역을 생각할 때 제일 먼저 물어야 할 질문은 '예수 그리스도가 누구시며 그분이 현재 무엇을 하고 계시는가?'이다. 그에 대한 대답은 두 번째 질문으로 이어진다. '예수님이 하시는 일에 어떻게 동역할 것인가?' 이것은 아주 오래 된 교리를 내 식대로 고쳐서 말한 것이다. 최초로 그 같은 사상을 선보인 사람은 1세기 사도 시대 말에 살았던 안디옥의 이그나티우스 주교였다. 그는 '그리스도가 계신 곳에 교회가 있다'(우비 크리스투스, 이비 엑클레시아)라고 말했다. 20세기 스위스인 신학자 칼 바르트(Karl Barth)도 비슷한 말을 했다. "예수 그리스도가 우리의 사역을 필요로 하시는 것이 아니다. 우리의 사역에 예수 그리스도가 필요한 것이다." 따라서 나는 이렇게 단언한다. '그리스도가 임재하신 사역이 있으면 그곳에서 내가 할 일을 발견할 수 있다.' 이 말은 예수님이 하신 말씀과도 일맥상통한다. "나를 떠나서는 너희가 아무 것도 할 수 없음이라"(요 15:5).

## 사역의 대체

이 주제를 탐색하다 보면 우리의 사역을 예수님의 사역으로 대체해야 한다는 난제에 부딪치게 된다. 대체란 단순한 포기가 아니다. 그렇다고 주님을 우리의 영역에 들어오시게 해서 전권을 넘겨드리는 이양도 아니다. 우리는 완전히 발을 빼야 한다. 분하고 억울해도 할 수 없다. 그렇게 하지 않으면 우리는 절대로 자신의 사역을 놓지 않을 것이다. 우리는 누구나 사역과 그로 인한 결과(때로는 그 결과가 부정적이라도)에 과도하게 집착하는 성향을 갖고 있다.

대체한다는 것은 사실상 우리 사역의 죽음을 의미한다. 우리가 해야 하고, 할 수 있고, 하고 있다고 생각하는 모든 일들을 철저히 죽여야 한다. 그 이유는 우리의 사역이 방해물이 되는 경우가 허다하기 때문이다. 심지어 최상의 영성과 치유력을 갖고 올바른 동기에서 하는 사역이라고 해도 그 자체로는 구속력을 발휘하지 못한다. 오로지 예수님의 사역만이 구속의 능력을 발휘한다.

## 십자가 처형은 좋은 소식이다

나는 대체의 과정을 "사역의 십자가 처형"이라고 부른다. 그리스도인들에게

십자가의 **목회** :우리의 야심을 버리고 그리스도를 섬기는 법

십자가 처형은 구속의 개념을 전해 주기 때문이다. 예수님의 십자가 처형은 인류를 구원한다는 어마어마한 좋은 소식이었다. 사역의 십자가 처형도 우리가 하는 목회와 목회의 대상자인 교회 교인들에게 어마어마하게 좋은 소식이다. 사역의 십자가 처형은 사역의 구속력이 발휘될 수 있는 기반이다. 우리에게 사역이란 섬김을 통한 기쁨과 평강과 소망의 근원인 것이다.

지금까지 한 이야기는 결코 새삼스런 얘기가 아니다. 예수님은 우리에게 날마다 십자가를 지고(날마다 죽기 위해서) 그분을 따르라고 하셨다(눅 9:23). 사도 바울 역시 그리스도와 함께 십자가에 못박혀야 한다고 말했다(갈 2:19). 그렇다면 우리의 사역도 못박히는 것이 당연한 일 아니겠는가?

기독교 신학에서 세례는 우리가 그리스도와 함께 죽었음을 상기시켜 주는 의식이라고 말한다. 우리는 또한 그리스도와 함께 부활하게 될 것이다(롬 6:4; 골 2:12). 그리스도인의 삶은 바울의 다음 한 마디에 요약되어 있다. "너희가 죽었고 너희 생명이 그리스도와 함께 하나님 안에 감추어졌음이라"(골 3:3). 그러므로 우리의 사역도 마땅히 죽어야 한다. 아니, 죽여야 한다. 그래서 그리스도와 함께 부활하도록 해야 한다.

## 방금 전에 저를 십자가에 못박으셨습니다!

부흥회나 집회에서 사역의 십자가 처형에 대해 설교할 때면 나중에 목사들이 찾아와서 "방금 저를 십자가에 못박으셨습니다"라고 말하는 경우가 종종 있다. 사역의 십자가 처형을 논하는 와중에서 그런 식의 반응은 아주 당연하고도 적절한 것이라고 할 수 있다. 그러나 신학대학원에 다니는 학생들은 사역을 십자가에 못박으라는 말이나 그 속에 담겨 있는 신학을 거의 이해하지 못한다. 아마도 사역에 한번 호되게 당해 봐야 사역의 십자가 처형이 하나님의 선물임을 깨닫게 되지 않을까 싶다.

그리스도의 대리 인간성과 대리 사역론은 내가 했던 상당수 주장들의 신학적 기반이라고 말할 수 있다. 머리로 인식하기에는 전혀 어려운 개념이 아니지만 현실에서 소화하여 진정으로 구속력을 갖춘 사역으로 거듭나는 일은 결코 쉬운 과정이 아니다. 전에 목회학 박사과정을 밟던 한 대학원생으로부터 이런 편지를 받은 적이 있다. "예수님이 우리를 성결케 하신다는 것을 말로 하기는 쉬운데 막상 목회에 들어가면, 인정하기는 싫지만, 어느새 저는 펠라기우스주의자(인간의 본성이 선하기 때문에 자유의지와 노력만으로도 죄를 범하지 않고 선하게 살 수 있다고 주장하는 사람들–역주)가 되어 있습니다." 예수 그리스도의 진리는 우리의 마음과 생각을 변화시키고 우리가 하는 사역 속에 깊이 침투해야 한다. 그래서 살아 계시고, 만유를 통치하시며, 적극적으로 일하시는 주 예수님의 사역에 따라 목회자의 설교와 목회 사역이 바로 잡혀야 한다.

## 맥 빠진 성탄절 전야예배

나의 아내 캐시는 펜실베이니아 주 피츠버그 시에 있는 작은 장로교회에서 목회를 하고 있다. 어느 해인가 성인이 된 우리 아이들과 함께 지루한 성탄절 전야예배를 드린 적이 있다. 교인 수도 몇 명 되지 않았고 성가대 찬양은 음정이 불안했으며 별로 열의도 없어보였다. 설교가 시작될 즈음에는 두 명의 유아들이 부모 품을 빠져나와 좌석들 사이를 시끄럽게 돌아다녔다. 귀엽기는 했지만 캐시가 하는 설교에 전혀 집중이 되지 않았다.

그날 밤 늦게 나는 캐시에게 작은 교회의 목회가 마음에 걸린다고 털어놓았다. 속으로는 '쉐디사이드에서 (아주 큰 교회를) 목회하는 내 친구 크레이그 반스(Craig Barnes: 현재 미국 프린스턴신학교 총장-역주) 목사는 오늘 밤 교회에서 아주 멋들어진 공연을 보여 주었을 거야'라는 생각을 하고 있었다. 그러다가 퍼뜩 제 정신이 돌아왔다. 바로 그날 낮에 본장을 써 놓고서 밤이 되자 벌써 내가 쓴 내용을 까맣게 잊고 있었던 것이다.

나는 성탄절 전야예배에 참석해서 훌륭한 찬양과 설교를 요구하고 있었다. 나의 정신 상태를 한 마디로 표현하자면 '성탄 전야에 큰 은혜를 받을 수 있도록 뭔가를 해 달라'는 것이었다. 말하자면 은혜 '받는' 데에만 눈이 어두워 성가대와 설교자만 바라보고 있었던 셈이다. 손가락이 우리와 함께 하시는, 그리고 우리를 위해 일하시는 하나님의 역사를 가리키고 있었건만 나는 그 가리키는 곳을 바라보지 않고 엉뚱하게 손가락만 쳐다보고 있었다. 예배란 성가대 찬양도, 설교의 질도(사실은 매우 훌륭한 설교였음), 예배당의 조용한 분위기도 아니었다. 예배란 그 시간에 성령으로 우리와 함께하시는 임마누엘의 탄생을 축하하는 것이었다. 그런데 나는 그 사실을 나는 잊고 있었던 것이다!

## 우리를 대신한 그리스도의 사역

우리는 이제 부수적인 전략이나 프로그램을 떠나서 목회와 사역을 생각해야 한다. 우리를 대신해서 일하시는 그리스도의 사역을 생각하고 어떻게 하면 그분과 결속될지를 생각해야 한다. 그러면 우리가 하는 사역의 형태와 내용이 뚜렷하게 예수 그리스도의 형태와 내용을 취하게 될 것이다. 물론 쉬운 일은 아니다. 그렇게 되기 위해서는 더 이상 우리가 우리 재능으로 사역을 해서는 안 된다. 오로지 예수 그리스도가 정말로 '함께하시는' 사역이어야만 한다. 넘치는 자유와 사랑으로 그분은 언제 어디서나 임마누엘, 즉 우리와 함께하시는 하나님이시다. 그분 사역의 실재성이 우리의 사역을 가능하게 만드는 원동력이다.

오늘날 우리는 매우 어렵고 힘들고 복잡한 시대에 목회를 하고 있다. 계몽주의라는 거창했던 정신적 실험이 쇠퇴기를 맞이한 후 포스트모더니즘이 새롭게 등장하여 이전의 기라성 같은 사상 체계들을 무너뜨리고 현대 사회의 새로운 기조를 만들어냈다. 이런 시대사조 속에서 내가 목표로 하는 것은 세례 요한이 사역에 대해 말했던 충격적인 진리를 탐색하고 공고히 하는 일이다. "그는 흥하여야 하겠고 나는 쇠하여야 하리라"(요 3:30).

## 탈진하는 목사들

예수 그리스도의 사역자들에게 대체 무슨 일이 일어나고 있는 것일까? 수많은 목사와 사역자들이 영성과 재정과 사역의 문제로 깊은 실의에 잠겨 있다. 연구 자료의 통계수치가 보여 주는 것은 우리가 이미 뼈저리게 겪고 있는 현실을 숫자로 나타낸 것에 불과하다. 무언가 대단히 잘못되어 있다. 그로 인해 교인들은 물론이고 목사, 목사 가정, 재정적인 면까지 값비싼 대가를 치르고 있다. 정말로 끔찍한 노릇이 아닐 수 없다.

한 예로, 신뢰할 만한 어느 연구 결과에 따르면 루터교 미주리 시노드(루터교의 한 분파-역주) 교회의 경우 40%의 교회 목회자들이 정도의 차이는 있지만 탈진한 상태라고 한다. 사반세기 동안 목회학 박사과정의 학생들을

십자가의 *목회* :우리의 야심을 버리고 그리스도를 섬기는 법

가르쳐 온 교수로서 나 역시 그런 현상이 전 교단과 교파에서 흔하게 일어나는 문제라고 감히 공언할 수 있다. 목회자와 사역자들이 겪는 스트레스는 의학적으로 심각한 수준이다. 기독교 교단의 의료보험 담당자들은 목사들이 지불하는 의료비가 다른 어느 직업에 종사하는 사람들보다도 높은 편이라고 입을 모은다.

또 하나의 사례로는 오스틴 신학대학원의 마이클 진킨스(Michael Jinkins) 교수가 "큰 기대, 냉혹한 현실"(Great Expectation: Sobering Realities)이란 제목으로 2002년에 알반 연구소(Alban Institute)에서 출간한 논문을 들 수 있다. 이 연구의 조사 대상이 된 목사들 중 62%가 개인적 신앙생활이 거의 없다고 응답했다! 늘 시간에 쫓겨야 하는 과도한 업무와 교인들 간의 갈등, 제직과 평신도들 간의 마찰을 중재하다 보면 개인적으로 하나님 앞에 나아갈 시간이 없고, 외로움에 시달리게 되고, 자신의 직업과 삶에서 극도의 불안과 회의를 느낀다는 것이었다.

실명이 아닌 가명을 사용했지만 이제부터 하는 이야기는 전부 실화임을 밝혀둔다. 대도시 근교의 한 유명 교회에서 목회하는 잭 목사는 전국적으로 명성이 자자한 목회자였지만 언젠가 나에게 말하길, 인사권을 쥐고 있는 장로들이 자신을 해고하기 위해 뚜벅뚜벅 목사 사무실로 들어오는 환청에 시달리고 있다고 했다. 그것이 단순한 신경과민이라고 해야 할까? 물론 그럴지도 모른다. 그러나 어쨌든 그로 인해 잭 목사는 불행하고 불안한 목회를 하고 있었다. 내가 전에 가르쳤던 진이라는 학생은 어느 날 저녁 내 사무실 앞에서 울고 있었다. 자신이 일하고 있는 작은 시골 교회 교인들이 어떤 기독교 교육이든 받지 못하도록 막는다는 것이었다. "그들은 목회

자가 아니라 교회 사찰을 원하는가 봐요"라고 그녀는 울먹였다. 보브 목사
의 목회는 교회에서 영향력 있는 한 교인 가족과의 마찰로 인해 불구상태
에 놓여 있었다. 그들은 이라크 전쟁, 예배당과 교회 마당에 국기를 게양하
는 문제, '하나님이여 미국을 축복하소서'(God Bless America, 미국인들이 현충일
이나 독립기념일 등에 즐겨 부르는 노래-역주)를 부르는 날들과 심지어 어머니날에
대한 논란, 교인들이 국가를 부를 권리 등의 문제로 사사건건 목사에게 트
집을 잡았다. 심한 당뇨를 앓고 있는 아내와 세 명의 어린 자녀를 부양해야
하는 토니 목사는 그가 받는 봉급으로 대학과 대학원에서 빌린 학자대출금
4만 달러를 갚을 엄두도 내지 못하고 있었다. 마지막으로, 메리 목사는 지
역 교단의 전도 압력 때문에 교인들과 예배 전쟁을 치러야 하고 성가대와
오르간 반주자하고는 격렬한 충돌을 피할 수가 없었다. 교단에서 지시하는
사항들은 하나같이 '교인 수를 늘리지 못하면 너는 해고야'라는 의미로 다
가왔다. 혁신적인 사고방식의 교인들이 폭발적으로 증가해야 한다는 압력
속에서 메리 목사는 주눅이 들고 초조했다. 자신이 실패자처럼 느껴졌고
결과가 말해 준다는 설교와 목회에 대한 자신감도 한없이 바닥으로 곤두박
질쳤다.

## 신학 전쟁

목회 전방에서는 또 다른 전쟁이 벌어지고 있다. 신학적 논쟁과 교단 정책
들은 정치판을 방불케 할 정도로 맹렬하고도 냉혹할 때가 많다. 교단 내에
서 벌어지는 신학 토론회들은 목사들의 진을 빼 놓기에 충분하다. 동성애
문제라든가, 성직자 임명, 하나님에 관련된 용어의 성별 구분, 삼위일체,

십자가의 *목회* :우리의 야심을 버리고 그리스도를 섬기는 법

기독론, 전도와 사회정의, 현대적 예배와 전통적 예배 등등 모두가 피해갈 수 없는 신학적 쟁점들이다. 소위 주류에 속한 목사들은 주요 교단들이 이 상태로 오래 유지될 수 있을까라는 회의 속에서 목회를 한다. 역사와 신학과 예배 형태에 있어 한 교단으로서 느꼈던 일체감이 지금은 여지없이 붕괴되고 있다. 교인수가 줄어드는 현시대의 문제는 교회 차원의 문제인 동시에 자괴감의 문제라는 데 많은 목사들이 동감한다.

목회는 이제 더 이상 재미있는 일이 아니다. 물론 예나 지금이나 목회는 힘들고 어렵다. 심신이 지치는 것은 당연한 일이고 영적인 씨름도 피해갈 수 없다. 그렇다고 돈을 벌기 위한 직업도 아니다. 목사의 사회적 지위는 낮고 앞으로도 그럴 것이다. 어느 사회학자가 매긴 직업 서열에 따르면 목사는 공장장보다 한 단계 아래라고 한다. 그나마 다행이라고 할지도 모르겠으나 한때는 목사가 법조인, 의료인과 동등한 서열로 간주되던 시절도 있었다. 목사들은 피곤하다. 과로할 때도 많고 보통은 극심한 스트레스와 박봉에 시달리며 신학적인 고민도 안고 살아간다. 주어진 업무에 비해 자신의 교육 수준이 낮다고 생각하며 싫증과 진절머리가 날 때도 많지만 그럴 때마다 죄책감을 느끼기도 한다.

이유야 어떻든 전국적으로 안수받은 목사의 3분의 1이 5년 뒤에는 목회를 떠나 영원히 돌아오지 않는다는 통계자료가 있다. 정말 그 정도로 사태는 심각하다! 나머지 목사들도 그저 하루하루 지친 몸을 이끌고 주어진 일을 해 나갈 뿐이다.

## 신학 교육의 결함

모든 것을 일반화하는 위험부담을 안고서라도 나는 우리의 신학 교육과 훈련과 목사에 거는 기대치에 큰 문제가 있음을 지적하지 않을 수 없다. 신학 교육을 담당하는 교수들은 이 문제를 어떻게 해야 할지 토론만 거듭할 뿐 결론을 내지 못하고 있다. 목회학을 공부하는 학생들이 해마다 털어놓는 갖가지 고충들을 보면 솔직하게 우리 교수들이 문제였고 지금도 문제지만, 뒤집어 생각하면 우리가 또한 문제의 해결책이기도 하다.

내가 보기에는 너무 극단으로 치우친 자유주의 신학, 특히 전통적인 기독론의 희석과 성삼위 교리에 대한 관심의 퇴보가 두 세대에 걸친 목회자들에게 잘못된 신학을 심어 주어 교회의 몰락을 초래했다고 생각한다. 주요 교단의 신학교들은 계몽주의 철학에 부합하는 신학의 미끼를 덥석 물어 버렸다. 현재 계몽주의 철학은 쇠퇴의 길로 치닫고 있다. 그 결과 계몽주의 말을 매고 마차를 몰던 목사들이 대단한 혼란에 빠져 있다.

'신학적 축소주의'(theological reductionism)라는 용어는 경험과 이성이라는 현대의 예정된 인간적 범주 안에 하나님을 집어넣고 그분을 축소시킨다는 의미로 사용한다. 간혹 '기본주의'(foundationalism)라고 부르기도 한다. 이름이야 어떻든 간에 이런 신학 사상은 교회를 성장시키지 못하고 목회의 성취감도 감소시킨다. 존 힉(John Hick)이 쓴 「성육신의 새로운 이해: 다원주의 시대의 그리스도론」(이화여자대학교, 1997)을 읽어보고 그 책에서 말하는 내용이 자신이 하는 목회의 소망이자 교인들의 소망인가를 스스로에게 질문해 보라.

## 진실이 담긴 범퍼 스티커

이제 독자들이 이미 알고 있고 그것이 진실이기를 간절히 바라는 한 가지 사실을 말해 주겠다. '예수님이 해답이다!' 차에 붙이고 다니는 이 범퍼 스티커의 문구가 결국은 옳았던 것이다. 이 책의 나머지 내용은 그 말이 목회 현장에서 어떤 의미를 지니는지를 알아보는 것이라고 할 수 있다.

나는 목회자들이 갖는 불안감과 좌절감에 신학적 해답이 분명히 있다고 확신한다. 그 해답은 하나님이 어떤 분인지를 알고 그분이 하시는 일에 동참하는 방법을 찾아내는 것이다. 나의 관심사는 복잡한 신학 사상이나 이론이 아니라 하나님의 실제적이고 현실적인 해법이다. 신학이 '하나님에 대한 이야기'라면 나는 결코 '하나님에 대한 이야기'에 대해 이야기하는 것으로 만족하지 않을 것이다. 나는 감히 '하나님에 대해서' 이야기하고 싶다. 하나님이 무엇을 하시는지, 그리고 하나님의 일에 동참할 때 우리의 사역이 어떻게 되는지를 지금부터 이야기하겠다.

## 요약

1. 예수님의 사역은 곧 하나님의 사역이다. 예수 그리스도에 관련된 대부분의 교리와 고백서가 그렇게 말하고 있다.
2. 예수님의 사역은 단순히 과거의 영향력을 현재에도 발휘하고 있는 차원이 아니다. 그분이 하시는 사역은 과거, 현재, 미래를 관통한다.
3. 그리스도가 계신 곳에 교회가 있다. 우리는 예수님의 생명을 공유함으로써 하나님의 지속적인 사역에 동참하게 된다. 이것이 그리스도와의 연합이라는 기독교 교리이며 성령의 주된 역할이다. 결국 기독교 사역은 우

리가 아닌 예수 그리스도가 주체인 것이다.

뒤에서 나는 예수님의 대리 인간성과 대리 사역을 논하며 복음 사역에서 그 교리가 갖는 중요성에 대해 피력할 것이다. 그런 다음에 기독교 사역을 '그리스도에 참여함'이라는 측면에서 접근할 예정이다. 이런 전통적 방식으로 기독교 사역을 이해하게 되면 "내 멍에는 쉽고 내 짐은 가벼움이라"(마 11:30)고 하신 예수님의 말씀이 진실이라는 것을 깨닫게 될 것이다.

## 지속적인 십자가 처형

이제 이 책의 제목을 다시 한 번 들여다보자. 지금부터 시작할 여정의 성격을 이 책의 제목이 상당 부분 암시하기 때문이다. 앞서 소개한 목사들의 사례는 일종의 십자가 처형 과정이나 매한가지라고 볼 수 있다. 우리 자신의 이기심, 명예와 성공에 대한 욕심, 유능하고 힘 있는 사람으로 행세하고픈 마음이 우리가 하는 사역을 죽인다.

우리는 우리 힘으로는 병든 사람을 고칠 수 없고, 죽은 사람을 살려낼 수 없고, 귀신을 쫓을 수 없고, 타락한 사람을 선도할 수 없고, 알코올중독자에게 술을 끊게 할 수 없고, 아내를 때리는 남자의 고약한 손버릇을 고칠 수 없고, 불안감이나 갈등을 잠재울 수 없고, 난폭한 사람을 통제할 수 없고, 모든 '왜?'라는 질문에 대답할 수 없고, 십대 청소년들에게 매주 예의를 가르치며 감동적인 설교를 할 수 없고, 교회를 성장시키고 모든 교인들을 만족시키는 일은 더더욱 할 수 없음을 조만간에 깨우치게 된다. 목사는 교인들에게 설교를 하고, 말씀을 가르치고, 심방을 다니고, 열심히 교인들을 보살피느라 탈진할 지경이건만 투덜거리는 사람은 늘 투덜대고, 고집부리는 사람은 늘 고집을 부리고, 다투기 좋아하는 사람은 늘 다투고, 어리석은 사람은 조금도 현명해지지 않는다. 또한 교인들은 계속해서 병에 걸리고, 죽고, 싸우고, 이혼을 하고, 실업자가 되고, 우울증에 걸린다.

## 엘리야 이야기

오래 전부터 나는 열왕기상 19장에 나오는 엘리야의 이야기를 예화로 사용하길 좋아했다. 엘리야는 바알 선지자들에 맞서 극적이고도 엄청난 일을 해냈지만 이세벨에게 그 사실이 발각되자마자 황급히 광야로 도망쳤다. 그는 두려움에 사로잡혔고 그가 했던 선지자 사역마저 휘청거렸다. 동굴에 숨어 있는 엘리야의 모습은 좌절한 사역자의 우울한 심리상태를 그대로 보여 주는 것이다. 하나님은 그에게 산으로 올라가라고 말씀하셨다. 산에 오르자 천지를 진동시키는 강풍과 지진과 불이 일어난 뒤에 '세미한 소리'가 들려왔다(왕상 19:12). 뭐라고 설명할 수 없는 하나님의 음성은 그에게 생각지도 못할 일을 지시했다. '다시 돌아가라'(왕상 19:15 참조). 엘리야는 사역이 십자가에 못박히는 경험을 한 것이다. 그때부터 엘리야의 사역은 오로지 하나님의 말씀에 의해서만 이루어졌다.

## 두 번의 죽음

나는 목회에 있어 크게 두 번의 죽음 과정이 찾아온다고 생각한다. 첫 번째는 연구 결과들이 보여 주듯 사역 초기에 일어난다. 신학교와 신학대학원에서 7년간의 고등교육을 마치고 부푼 기대감을 갖고서 주님의 포도밭에 들어가지만 보통은 실망과 분노만을 안고 돌아 나온다. 그중 3분의 1은 초기에 목회 현장을 떠나 두 번 다시 돌아가지 않는다. 이것은 사역의 죽음이며 깊은 환멸과 함께 때로는 서로에 대한 비난 공방을 몰고 오기도 한다. 목사 개인은 물론이고 목사의 가정이나 재정이나 교회 차원에서 볼 때에도 크나큰 손실이 아닐 수 없다.

두 번째 죽음은 좀 더 미묘하고 덜 극적이다. 첫 번째 죽음이 빠르고 분명하게 환멸을 몰고 왔다면 두 번째 죽음은 서서히 자신도 모르는 사이에 찾아온다. 그렇지만 훨씬 더 사태가 심각하며 치명적이다. 두 번째 죽음을 견디고 이해한 뒤에 신학적 개종의 부활을 체험하고 생전 처음으로 진정한 목회를 하게 되는 목사들도 있다. 두 번째 죽음이야말로 온전한 죽음이자 목회를 다시 일으키는 온전한 부활이다. 하지만 안타깝게도 이에 대해 조사한 통계 자료는 아직 없는 것으로 알고 있다. 각각의 경우마다 그 시기가 천양지차이기 때문이다. 큐블러 로스(Kübler-Ross) 식의 고정된 단계(큐블러 로스 여사는 죽음에 대한 5단계 심리변화를 주장했음-역주)는 없지만 내가 보기에 두 번째 죽음은 전형적으로 다음의 과정을 겪는다고 본다.

일단 첫 번째 죽음에서 살아남은 목회자들은 신학교에서 공부한 것 이외에 좀 더 전문적인 지식과 기술의 필요성을 느끼게 된다. 그래서 박사과정에 등록해 동료 학생들로부터 배우고, 신학 지식을 쌓고, 기술을 익힌다. 어떤 이들은 한 동안 영적 쇄신의 풍요로운 들판에서 자신의 영성을 위해 노력하기도 한다. 그러면서 사역에 도움이 될 만한 것들을 찾아다니기 시작한다. 워크숍, 세미나, 컨퍼런스 등은 살아남은 목사들이 사역방앗간에서 빻는 곡물들이다. 이제 목회라는 그들의 가방에는 온갖 사역의 장비들이 가득 차게 된다. 그런데 애석하게도 오늘날 북미의 목사들은 독서는 그

십자가의 **목회** : 우리의 야심을 버리고 그리스도를 섬기는 법

다지 많이 하는 것 같지 않다.

　그런 뒤 10년, 15년, 혹은 20년의 세월이 흐르고 나면 어떤 예기치 못한 계기로 인해 문득 뼈아픈 사실이 의식되기 시작한다. 그때의 상처는 어느 때보다 깊어서 마음 한복판에 아주 깊숙한 상흔을 남긴다. 이번에는 단순한 직업상의 위기가 아닌 믿음의 위기가 찾아온다. 요컨대 신학적 위기인 것이다.

　잘못된 신학은 큰 고뇌와 고통을 안겨 준다. '나는 할 수 없어, 나는 사람들을 믿게 할 수 없어, 나는 병자를 고칠 수 없어, 나는 사람들에게 소망을 주거나 행복하게 만들 수 없어, 나는 베드로처럼 기도하거나 바울처럼 설교할 수 없어!' 이제는 신학 서적을 읽어도 잘 이해가 되지 않고 시간을 내어 열심히 읽어도 마찬가지다. 가방에는 목회와 설교와 교회 행정에 관한 장비와 기술이 가득하고 축적된 경험은 대단한 위안이며 그로 인해 목회에서 살아남는 법도 터득했지만 내면 깊은 곳에서는 자신이 하는 모든 일이 먼지에 불과함을 알고 있다. 이제 더 이상은 죽은 유아들을 땅에 묻는 일을 하고 싶지 않고, 더 이상은 이혼한 가정의 복잡한 사연을 듣고 싶지 않고, 더 이상은 임신한 여자아이를 위해 결혼식을 주례하고 싶지 않고, 더 이상은 암에 걸린 환자의 병상이야기를 듣고 싶지 않고, 더 이상은 친구들의 장례식을 집도하며 산상수훈을 되풀이하고 싶지 않다. 교회에 깔아놓을 카펫의 색깔이나, 성경공부 시간에 간식으로 먹을 과자 종류나, 어머니날의 게시판 장식을 놓고 왈가왈부하는 것도 진절머리가 난다. 멍에는 너무 어렵고 짐은 감당하기 힘들 만큼 무겁다. 게다가 이젠 교회 일이 따분하고 식상하게 느껴지기까지 한다.

하나님은 더 이상 임하실 마음이 없으시다는 말인가? 만약 그렇다면 나 혼자 이 짐을 지고갈 수 없고, 믿음의 열정을 불태울 수 없고, 온갖 사역 요구에 부응할 수 없다. 나의 인내심은 바닥을 보이고 나는 서서히 죽어가고 있다. 하지만 하나님이 정말로 임하신다고 해도 어떤 일이 벌어지고 있는지를 이해할 만한 신학적, 영적 기제를 나는 갖고 있는가? 만일 하나님이 임하신다면 내게 무엇을 하고 무엇을 말하라고 하실 것이며 그 의미는 무엇일까?

## 용기의 시험

목회를 오래한 목사일수록 두 번째 죽음을 인정하기 위해서는 상당한 용기가 필요하다. 사실 대부분의 목사들은 인정하려 들지 않는다. 하지만 그것은 고상하고 쾌활한 목사 특유의 미소 뒤에 교묘하게 숨어 있다. 겉으로는 밝은 표정을 짓고 있지만 속으로는 사랑도 식고 열정도 사라졌음을 느낀다. 바쁘게 일하면서 소위 '상점 관리'(shop-keeping: 내 친구 유진 피터슨 목사의 표현을 빌리자면)에만 치중하다 하루하루가 지나간다. 말하자면 가면을 쓰고 살아가는 법을 배운 것이다. 목회학 박사과정을 밟는 학생들의 말에 따르면 교회에서 교인들을 위한 이런저런 행정 일을 하는 데 목회의 90%를 할애한다고 한다. 그럼 하나님의 말씀과 성례는 어떻게 된다는 말인가?

겟세마네 동산의 암흑을 반길 사람은 아무도 없다. 그날 밤은 너무 길고 끔찍했으며 그곳에서의 기도는 너무도 처절했고 그때의 기다림은 너무도 고독했으며 그곳에서의 눈물은 은유적 핏방울로 얼룩져 있다. 우리는 영적인 진공상태를, 신학의 구렁텅이를 응시하고 있다. 그러면서 자기 자신의

십자가의 **목회** : 우리의 야심을 버리고 그리스도를 섬기는 법

'토후 와보후'(창세기 1:2에 나오는 '혼돈하고 공허하며'의 원어)라는 절망적 상태를 발견하고 창세 때처럼 하나님의 영이 자기 위에 운행하시기를 소망한다.

## 내 사역이 아니다

두 번째 죽음을 있는 그대로 바라보고 있는 그대로 이름붙이기 위해서는 대단한 신앙적, 신학적, 직업적 용기가 필요하다. 그것은 '내' 사역이 죽어 없어지는 것이기 때문이다. 이제부터 충성스런 사역─하나님을 영화롭게 하고, 성령의 능력에 힘입고, 세상을 변화시키고, 하나님 왕국을 선포하는 사역─은 다른 기반에 의해서만 가능해질 것이다.

신학교나 사역 기술 전수자들은 그 다른 기반을 가르쳐 주지 않는다. 그 것은 예수님이 하시는 사역에 동참함을 뜻한다. 예수님이 계신 곳에서만 교회와 교회 사역이 가능하다. 예수님이 영혼 구원의 짐을 지고 그 사역을 하셔야 한다. 우리에게는 그런 일을 할 능력이나 힘이 없다. 나는 나 자신 의 한계성을 뼈아프게 깨달았다. 나는 메시아가 아니다. 그래서 더 이상 누 구를 구원하려고 하지 않는다. 나는 십자가에 못박혔기에 무대 중앙에서 물러났다.

나는 '내 사역'이라는 보좌에서 물러나고 주 예수님의 사역이 그 자리를 차지하도록 했다. 그러나 사역은 애초부터 내 것이 아니었다. 우리는 마치 우리가 사역을 소유하고 우리가 일을 해 나가는 것처럼 '우리 사역'이라고 말한다. 우리 자신의 성공을 위해 많은 것을 투자하고 그 자만에 찬 이면을 감추기 위해 경건의 언어로 교묘히 포장한다. 우리가 원하는 진짜 목표는 직업적 명성과 성공이다. 그것을 이루었을 때 오는 박수갈채와 사람들의 인정을 받고 싶은 것이다. 결국 목사와 사역자도 인간이다. 우리 모두는 절대로 넘어서지 못할 인간적 한계성을 지닌 자들이다.

## 하나님이 목회를 죽이실 때

목회의 책임과 의무가 감당 못할 정도로 무거워져야 우리가 비로소 정신을 차리고 목회를 십자가에 못박는다고 생각하면 곤란하다. 기억하라. 하나님의 말씀은 "좌우에 날선 어떤 검보다도 예리하여"(히 4:12) 사정없이 찔러 쪼갠다는 사실을! 만군의 하나님 여호와는 천군천사를 호령하는 지휘관이시다. 우리를 목회 자리에서 비켜나게 하시는 데 결코 겁을 먹을 분이 아니다.

그 동안 우리는 '그리스도가 계신 곳에 교회가 있다'라는 생각 대신에 '나의 사역이 있는 곳에 그리스도와 교회가 있다'라고 생각해 왔다. 우리 스스로 주(主)가 되었으니 얼마나 심각한 신성모독인가! 그렇기 때문에 하나님 자신이 우리의 사역을 죽이셔야만 한다.

성공의 잣대야 어쨌든 간에 지금까지 당신의 목회가 별로 성공적이지 않았다면 하나님이 목회에서 당신을 물러나게 하시는 데 큰 어려움이 없으실 것이다. 아니, 물러나게 하시는 것이 더 고마울 수도 있다. 하나님이 당신을 사역의 요단 강가에 데리고 가셔서 "이 강을 건너 내가 너를 대신해 일하게 하라. 여기에 남아 계속해서 네 힘으로 하려고 발버둥친다면 서러운 조기 은퇴를 하게 될 것이다"라고 말씀하신다고 생각해 보라. 가뜩이나 목회의 짐이 힘겨웠던 차에 하나님의 해고 통지는 오히려 반갑게 들리지 않겠는가?

십자가의 **목회** : 우리의 야심을 버리고 그리스도를 섬기는 법

그러나 우리가 목회의 왕좌를 차지할 야망을 품고 있는 경우에는 하나님이 훨씬 더 냉혹하게 사역을 처형하셔야 한다. 개중에는 위를 향해 승승장구하는 목사들이 있다. 유능한 목사의 지도 아래 큰 교회의 부교역자로 일하다가 담임목사가 되고, 얼마 후에는 대형교회에서 수많은 교역자를 거느린 목사가 된다.

소위 '성공한' 목사들일수록 내려가기는 더욱더 힘들고 고통스럽다. 그런 사람들은 죽는 데 오랜 시간이 걸릴 수 있다. 몸에 밴 교만과 유능하다는 착각이 생각보다 깊이 뿌리박혀 있기 때문이다. 그래서 신앙이라는 상품을 조달하는 장사꾼이 되어 까다로운 고객들의 입맛을 맞추면서 외형적인 성과를 내고 가시적인 성공을 거두는 일에 쉽게 빠져들게 된다.

## 내가 아니라 그리스도

우리가 성공한 목회자이든 성공 못한 목회자이든, 혹은 그 중간 어디쯤에 있는 목회자이든 간에 우리는 방해거리다. 평범하게 목회를 한 사람이나, 유능함이 철철 넘치던 사람이나, 성공과 거리가 먼 사람이나, 대중의 인기를 한 몸에 받던 사람이나 언젠가는 자신이 의존하던 것들을 하나님이 죽이시는 순간을 맞이하게 될 것이다.

두 번째 죽음은 바울이 말한 대로 "내가 아니라 그리스도"임을 인정할 때 사역의 참 자유를 만끽할 수 있음을 깨닫게 해 준다. "이제는 내가 사는 것이 아니요 오직 내 안에 그리스도께서 사시는 것이라"(갈 2:20). 이제는 모든 것이 그 기반 위에 새로 건축되어야 한다. 예수 그리스도께서 우리를 대신해 일하신다. 믿음과 경배에서, 또한 사역 안에서 예수님은 우리 스스로 할 수 없는 일을 해 주신다.

이것이 바로 내가 말한 예수 그리스도의 대리 인간성과 대리 사역의 뜻이다. 필요하면 강제적인 방법까지 동원해서 하나님이 우리를 해고하시는 이유는 그래야 예수님이 우리 자리를 차지하시기 때문이다. 그때부터 우리가 줄 수 있다고 생각했지만 사실은 줄 수 없었던 예배, 훈련, 믿음, 위로를 주님이 제공해 주신다. 그래서 사역의 십자가 처형은 눈이 번쩍 뜨일 만큼 좋은 소식이다. 비로소 사역은 사역다워지고, 아마도 생애 처음으로 진정한 복음 사역을 할 수 있을 것이다.

십자가의 *목회* : 우리의 야심을 버리고 그리스도를 섬기는 법

# 1장

# 예수,
# 그 이름에는 무엇이 있는가?

지난 주일 당신 교회의 주보에 적혀 있던 내용들을 떠올려 보라. 십중팔구 당신의 이름이 목사, 혹은 전도사로 그곳에 올라가 있었을 것이다. 또한 교회의 다른 목사와 전도사들도 교역자로서 이름이 새겨져 있었을 것이다. 나는 지금까지 한 번도 교회 주보에 '담임목사: 예수 그리스도'라고 적혀 있는 것을 본 적이 없다. 정작 들어가야 할 이름은 빠져 있는 것이다!

우리는 누구의 이름으로 사역을 하는가? 예루살렘 공회에서 베드로와 요한에게 물었던 질문이 바로 그것이었다. "너희가 무슨 권세와 누구의 이름으로 이 일을 행하였느냐"(행 4:7). 어떤 면에서 이것은 전혀 난해한 질문이 아니다. 우리는 마땅히 예수님의 이름으로 일할 뿐 우리 자신의 이름으로 사역하지 않는다. 그렇다면 예수님의 이름으로 사역한다는 것은 대체 무슨 뜻인가?

예수님이 우리에게 사역할 권한을 부여하셨다는 대답이 나올지도 모르겠다. 가령 선한 사마리아인의 비유를 보면 그 마지막에 "가서 너도 이와 같이 하라"(눅 10:37)고 예수님이 말씀하신다. 그런 차원에서 볼 때 사역은 명령에 순종하는 의미에서 하는 일처럼 보인다. 물론 신학적 실천의 면에서 순종이 필요한 부분이 있다. 그러나 나는 전혀 다른 기반 위에서 출발하려고 한다. 우리가 무엇을 해야 하는가를 생각하기에 앞서 주님이 무엇을 하시는지를 먼저 거론하고 싶은 것이다.

## 목회자: 예수 그리스도

더 깊은 차원에서 나는 지금 목회의 근원을 따지는 파격적인 질문을 하고 있다. 우리는 누구의 이름으로 사역을 하고 있는가? 예수 그리스도의 이름으로 사역을 한다는 의미는 무엇인가? 사도행전 4장에 나오는 그리스도인들처럼 임재하시고 역사하시며 다스리시는 주님의 존재를 의식하고 있는가?

나는 예수 그리스도라는 분 안에서 사역을 해야 한다는 주장에 나의 굳건한 기반을 내릴 것이다. 그러나 예수님의 사역을 논하기 전에 먼저 예수님이 어떤 분인가부터 살펴볼 것이다. 결국 예수님만이 사역의 권위이자 실세이기 때문이다.

## 이름에 관한 신학

사도행전 4장에 나오는 예수님의 이름에는 신학적 의미가 담겨 있다. 그 의미를 살펴보면 우리가 왜 예수님 우선주의로 사역을 이해하고 실행해야 하는지를 알게 된다. 예수님의 이름이 거론되는 구절은 사도행전 4장의 7절

*십자가의 목회* :우리의 야심을 버리고 그리스도를 섬기는 법

과 12절과 30절이다.

본장에서는 사도행전 4장 7절과 12절에 나오는 예수님의 이름을 살펴보겠다. 그 두 구절에는 예수 그리스도의 독자적 권위가 확립되어 있다. 그리고 이어지는 나머지 장에서는 사도행전 4장 30절을 살펴보게 될 것이다. 예수님의 이름으로 사역이 이루어져야 함을 배울 수 있는 구절이다. 이와 같은 실천 신학은 가히 획기적이라 할 수 있기에 가능한 독자들이 그 뜻과 의의를 명확하게 파악할 수 있도록 최선을 다해 설명할 것이다. 나는 이 책에서 신학이 목회와 사역에 어떻게 적용되는가를 이야기하고 있다. 그러나 이 책은 사실 신학에 대해 논하는 책이다. 왜냐하면 예수님에 대해 논하고 있기 때문이다.

## 예수 그리스도의 이름으로

그럼 먼저 사도행전 3장과 4장의 배경이 되는 이야기부터 시작해 보겠다. 베드로와 요한은 오후 기도 시간에 예루살렘 성전에 올라갔다. 그때, "나면서 못 걷게 된 이를 사람들이 메고" 와서 성전 입구에 앉히고 사람들에게 구걸을 하게 했다(행 3:2). 베드로와 요한은 그 걸인을 도와줄 만한 재정적 여력이 없었지만 베드로는 그가 요청하지 않은 것을 자진해서 주겠다고 말했다. "은과 금은 내게 없거니와 내게 있는 이것을 네게 주노니 나사렛 예수 그리스도의 이름으로 일어나 걸으라"(행 3:6). 그 말에 걸인이 정말로 일어나더니 걷기 시작했다!

두말할 필요 없이 그 일은 사람들의 호기심에 불을 댕겼고 베드로는 그 전도의 기회를 놓치지 않고 예수 그리스도야말로 이스라엘이 믿고 바라던 소망의 실현임을 설명한 뒤에 죄를 회개하고서 예수님을 이스라엘의 메시아로 믿으라고 권면했다(행 3:11-26).

당연히 성전 지도자들은 그 사건에 당황하지 않을 수 없었다. 그들은 베드로와 요한을 잡아가두고 다음날 서둘러 종교 지도자들을 소집해서 공회를 열었다. 당시에 어떤 장면이 펼쳐졌을지를 상상하기는 그다지 어렵지 않다. 종교 지도자들은 예수를 처형함으로써 한때의 예수 소동이 막을 내렸다고 생각했을 것이다. "우리가 그 자를 죽였으니 모든 것이 끝난 거야." 그런데 이제 그의 제자라는 인간들이 나타나 사람들의 병을 고치면서 예수가 다시 살아 권능을 발휘한다고 떠들고 있지 않는가! 그들의 말에 따르면 예수가 '부활했다'는 것이다!

베드로와 요한의 죄명은 '예수 안에 죽은 자의 부활이 있다'고 주장한 것이었다(행 4:2). 로마의 점령지였던 예루살렘의 신학적, 정치적 상황을 고려할 때 종교적인 평화를 위협한다는 것은 위험한 게임이었다. 그래서 그런 종교적 반란은 단호하게 제거해야만 했다.

## 어떤 하나님?

베드로와 요한에 대한 공개 심문은 먼저 "너희가 무슨 권세와 누구의 이름으로 이 일을 행하였느냐?"(행 4:7)는 질문에서 시작되었다. 여기에서 '권세'와 '이름'의 상관관계에 주목하기 바란다. 어쩌면 이 두 가지는 명백한 상관관계가 없을지도 모른다. 그들이 묻는 것은 "너희는 어떤 권위자에게 호소한 것이냐? 누구의 이름으로 그 일을 한 것이냐? 너희가 믿는 하나님은 누구냐?"이다.

지금 이 이야기는 신학적 견해를 놓고 벌어지는 어느 지역의 사소한 언쟁이 아니다. 신학자들의 탁상 토론이나 교파간의 논쟁 같은 것도 아니다. 과거로부터 이어진 모든 신념이 "누구의 이름으로"라는 한 마디에 압축되어 있는 것이다. 종교 지도자들의 질문에는 기존의 권위, 의미, 권세, 지배력 체계를 뒤엎을 대체언어가 등장한 것에 대한 불안감이 깔려 있었다. 그들의 직업, 믿음, 국가, 정체성, 세계관 등 모든 것이 위험에 처해 있음을 깨달은 것이다.

만일 그 예수라는 이름이 권능의 이름이라면, 만일 그 이름이 현실에서 역사하는 하나님의 실세라면 그들이 붙잡고 있는 모든 것은 근본 뿌리부터 흔들릴 것이 불을 보듯 뻔한 일이었다. 예수라는 이름과 동떨어진 모든 것은 의문시될 것이다. 정치적이든 종교적이든, 사회든 개인이든, 지성이든 도덕성이든 능력과 권위를 인정받던 모든 것에 의문부호가 붙게 될 것이다.

대제사장 안나스, 가야바, 요한, 알렉산더를 비롯해 그곳에 모여 있던 대제사장의 모든 문중과 관리들과 장로들과 서기관들이 느끼고 있던 두려움은 상상을 초월하는 것이었다. 구체제에 위협을 받고 있던 모든 이들은 한 가지 사실을 알고 있었다. "누구의 이름으로?"라는 질문의 대답에 모든 것이 결판난다는 사실을….

## 온순한 예수님?

당시의 정치, 종교 지도자들이 예수님이 부활했다는 말을 듣고 느꼈을 위기감이 얼마나 심각했는지부터 제대로 이해하고 넘어갈 필요가 있다. 미국의 개신교인들은 예수님을 불편하거나 어려운 존재로 생각하지 않는다. 우리는 얼마나 예수님이 우리의 무엇을, 누구를 위협하도록 허락하고 있는가? 물론 세상의 잘못된 사고방식과 행위를 예수의 이름으로 거부해야 하는 도덕상의 책임의식은 갖고 있다. 그러나 유명인을 숭상하는 미국 문화 속에서 그리스도인들은 예수님을 단지 '슈퍼스타' 정도로만 인식하고 있을 뿐이다. 성전의 환전상들을 내어 쫓던 노기등등한 그리스도는 '노 땡큐'다. 미국의 예수는 귀신을 축출하지도 않고, 독사의 자식들을 비난하지도 않고, 지도자들의 심기를 불편하게 하지도 않는다. 얌전한 예수님, 온순하고 부드러운 예수님. 그러나 우리 앞에 펼쳐진 성경에서 그분은 전혀 그런 모습이 아니다.

## 같은 질문, 다른 형태

심문자들의 질문은 정확하게 요점을 꿰뚫고 있었다. "누구의 이름으로?" 그 질문은 형태만 달리할 뿐 신약 전반에서 물결치고 있는 궁극적이고도 절박한 질문이었다. 그 질문 안에 우리 삶의 모든 것이 걸려 있었다. 세례 요한은 두 명의 제자를 예수님께 보내어 물었다. "오실 그이가 당신이오니이까"(눅 7:19). 이스라엘의 모든 역사와 신학의 성취가 세례 요한의 질문 뒤에 숨어 있었다. 가이사랴 빌립보 지방에서 예수님은 제자들을 향해 이렇게 물으셨다. "사람들이 나를 누구라고 하느냐"(막 8:27). 요한복음에서 베드로는 "우리가 주는 하나님의 거룩하신 자이신 줄 믿고 알았사옵나이다"(요 6:69)라고 대답했다. 풀어서 말하면 "당신의 이름은 여호와, 즉 구원하시는 여호와이옵니다"라는 뜻이다. 이 말은 극도의 신성모독이든가 아니면 절대 진리인 '로고스'이든가 둘 중의 하나였다.

예수님은 주님이시다. 이 말에 우리의 가슴이 더 이상 철렁 내려앉지 않는단 말인가? 솔직히 그렇다고 고백할 수밖에 없을 것 같다. 낯선 것이 이제는 너무 낯익은 것이 되어버렸다. 만일에 그 예수님이 우리의 교회와 문화와 세계관 속에 계시지 않는다면 어떻게 될까? 그렇다면 자신이 궁극적 권위라고 주장하는 모든 것들에게 예수님의 이름이 가할 위협을 제대로 이해해야 할 것이다.

## 주여, 당신은 누구십니까?

"주여, 당신은 누구십니까?" 이것은 다메섹 도상에서 하늘로부터 내려오는 빛을 보고 주의 음성을 들었던 사울이 질문했던 말이다(행 9:5). 본장의 내용을 떠나서도 우리에게 많은 생각을 불러일으키는 질문이다. 믿음 그 자체만이 아니라 사역의 모든 것이 그 대답에 달려 있기 때문이다.

사울의 질문은 결과적으로 그를 완전히 망연자실하게 만들었고 그의 삶과 사역을 바꾸어놓았다. 과거의 엘리야처럼 사울도 하나님의 말씀에 따라 사역을 위임받았다. 사울의 질문은 결국 진리의 정체와 가식 없는 실체에 대한 것이었다. 그는 대답 여하에 따라 모든 것을 바꿀 각오가 되어 있었다. 나는 사도행전 4장 12절의 '다른 이름은 없다'라는 당당한 주장에 의거해서 "주여 누구시니이까?"라는 질문을 살펴볼 것이다. 그런 뒤에 다음 장에서는 기독론 속에서 "누구?"라는 질문의 우선적 당위성을 짚어보겠다.

여기에서는 "누구의 이름으로"라는 질문을 조금 더 생각해 보기로 하자. 이 질문은 교회와 사회에 만연해 있는 진리와 권위와 의미와 가치에 관한 착각과 혼란을 간파할 수 있게 도와준다. 우리는 '누구의 이름으로' 살고 행동하는가? 우리는 '누구의 이름으로' 역사를 해석하는가? 우리는 이혼과 질병과 학대와 전쟁과 죽음의 시대에 '누구의 이름으로' 소망을 가져야 하는가?

## 두 극단의 사이에서

우리는 지금 위험한 줄타기를 하고 있다. 최소한 두 개의 상반되는 세계관 사이에서 하나를 선택해야 하는 처지에 놓여 있기 때문이다. 그 세계관들의 충돌과 그 중 한 가지의 선택이 21세기의 잠정적인 비극의 역사를 형성하게 될 것이다.

다른 한편으로 우리는 대중적이면서도 이지적인 하나의 문화가 형성되고 있는 것을 보고 있다. 그 문화는 포스트모더니즘적인 상대주의로 빠르게 치닫고 있다. 그래서 '내 나름의 진리를 믿을 테니 상관하지 말라'고 말한다. 이것이 오늘날 어디에서나 들을 수 있는 수많은 복음들의 창세기다. 그리고 마지막은 치명적인 허무주의로 끝난다. 온몸에 피어싱을 하고 문신을 새겨 넣은 인기 가수들과 스포츠 영웅들을 생각해 보라. 그들이 주요 대중매체에 등장해서 우리 아이들의 시선을 사로잡고 있다. 우리가 도덕적 나락에 떨어져 가고 있음을 누가 의심할 수 있겠는가?

반면에 다른 한편에서는 절대 사상에 사로잡혀 사람을 살상하는 일마저 주저하지 않는다. 다양한 종교적, 정치적 근본주의가 놀랍고도 치명적인 설득력을 발휘한다.

우리는 지금 양극단을 오고가는 추에 매달려 있다. 한편에서는 '아무렴 어때?'라는 유행어가 대변하듯 자기 파괴적 쾌락주의와 무분별한 도덕관념

십자가의 **못난이** : 우리의 야심을 버리고 그리스도를 섬기는 법

으로 형이상학적 대혼란에 빠져 있고 다른 한편에서는 폭력과 때로는 치명적 결과를 초래하는 불복종으로 형이상학적 경직성을 나타내고 있다.

양극단의 난국이 교회와 사회를 손아귀에 부여잡고 있다. 사실 이 시대에 심화되고 있는 치열한 전쟁은 그처럼 극명하게 갈려버린 양극화 현상에 그 원인의 일부가 있다. 그렇다면 현대 사회의 철학 체계가 무너지는 와중에서 우리가 선택할 수 있는 대안은 혼란과 절대주의밖에 없다는 말인가? 다른 선택의 여지는 없는 것일까? 또 다른 길은 없을까?

## 누가 진리인가?

"누구의 이름으로?"라는 질문은 진리를 어떤 형태의 추상적인 것으로도 전제하지 않는다. 이념의 해체나 배타적인 교리의 주장과도 동떨어져 있다. 그 질문은 오로지 개인적인 질문일 뿐이다.

자, 이렇게 생각하길 바란다. 진리라는 것이 진리가 없다는 허무주의식 주장이나, '어떤 진리?'식의 자유주의식 의문이나, 이것 외에 다른 것은 진리가 아니라는 절대주의식 주장이 아니라고 가정해 보라. 그런 것들은 모두 잘못된 주장이고 진짜 문제는 '누가 진리인가?'의 문제라고 생각해 보라. 진리라는 것의 요체가 이념이나 사상에 동의하기에 앞서 누군가와의 관계라고 한다면 어떻게 되겠는가?

'누구?'라는 질문에 우선권이 주어진다면 당연히, 아니 필연적으로 "그 진리의 이름이 무엇인가?"라고 물어야 한다. 단순히 "나는 무엇을 믿는가?"가 아니라 "나는 누구를 믿는가?"라고 해야 맞는 질문이 된다. 진리란 옳고 그름의 문제라기보다 누구와 사랑에 빠져 있는가의 문제인 것이다. 즉 진리는 정당화라는 차원이 아닌 하나님과의 관계라는 차원에서 바라보아야 한다는 말이다.

그리스도인들은 자신이 의롭지 않다는 것을 알고 있다. 세상에는 의인이 없기 때문이다. 오로지 하나님만이 의로우시다. 그리스도인들은 진리를 구체적으로 한 '이름', 즉 예수님이라는 사람의 차원에서 이해하기 때문에 진리는 곧 어떤 사람에 대한 것이며 그 사람과의 관계에 대한 것이다.

## 하나님과의 친교

기독교의 중심은 신학 체계에 대한 동의, 신성한 문서의 권위, 윤리적 가치관이 아니다. 물론 그런 것들도 중요하다. 그러나 기독교는 "내가 곧 길이요 진리요 생명이니"(요 14:6)라고 했던 한 사람의 자기주장이 그 핵심이다. 그 사람은 우리와 인격적 관계를 맺기 원하고 그것은 곧 하나님과의 친교를 의미한다. 그는 우리에게 사랑과 자비와 용서의 길을 보여 주었고 가르쳐 주었다. 그의 진리는 단순히 그의 가르침이 아니라 그 사람 자신이었다. 그의 생명은 진정한 생명이었기에 그와 연합함으로써 우리는 하나님과 친교를 나눌 수 있게 되었다.

기독교에서는 마지막 날에, 즉 생의 마지막에 예수님 앞에 서게 된다고 말한다. 기독교는 사람에 대한 것이고 그렇기 때문에 기독교는 사람 중심이다. 이 말은 사람들과의 대인관계에서 아주 많은 것을 시사한다. 특히 신앙이나 윤리관, 정치적 이념, 세계관이 다른 사람들과의 관계에서 큰 의미를 지닌다.

십자가의 *목회* :우리의 야심을 버리고 그리스도를 섬기는 법

## 예수님이 태초에 기다리고 계시다

얼마 전에 나는 과학자이자 신학자인 영국 감리교인의 강의를 듣게 되었다. 그는 빅뱅에 관한 과학적 논란을 이야기하고 있었는데 꽤나 인상적인 사실 하나를 들려 주었다. 물리학자들이 빅뱅 이후의 시간을 $10^{-47}$ 초라는 단위까지 거슬러 올라갔다고 한다. 나는 물리학자가 아니라서 그것이 극도의 짧은 시간이라는 것 외에 그 숫자가 정확히 무엇을 의미하는지는 모른다. 물리학자들이 모든 것의 시작점으로 거슬러 올라가자 물리적 법칙의 모델들이 자명해지는 것 같았다. 수학적 계산은 도움이 되지 않았다. 당시에 그는 이런 말을 덧붙였다. "나는 이론에 밝은 명석한 물리학자가 태초의 시간대로 되돌아가는 장면을 상상해 봅니다. 그건 험난한 산맥을 오르는 것만큼이나 힘들고 어려운 일일 것입니다. 그 물리학자가 태초의 광대하고 장엄한 현장을 보기 위해서 마지막 지식의 암반을 안간힘을 다해 기어올랐을 때 그의 눈은 미소를 머금고 환영인사를 건네기 위해 앉아 계신 예수님을 보게 될 것입니다."

우리가 믿는 것처럼 예수님이 정말로 인간의 육신을 입고 이 땅에 오신 영원한 '로고스'라면 그와 같은 장면은 얼마든지 상상이 가능한 일이다. 과학에서든 신학에서든 궁극적인 진리는 오직 '이름'을 가지신 그분뿐이니까.

## '무엇?', '어떻게?'가 아니라 '누구?'

예수님을 대면한 본디오 빌라도는 잘못된 질문을 던졌다. "진리가 무엇이냐?"(요 18:38). 진리에 대한 질문은 '무엇?', 혹은 '어떻게?' 아니라 '누구?'라고 물어야 한다. 과학을 비롯해 인간 탐구의 모든 영역은 결국 하나의 해답으로 귀결될 수밖에 없다. 그것은 진리의 이름이 바로 '예수'라는 사실이다.

나는 이제 현명한 천사들이 가지 않으려는 길로 가서 다소 충격적으로 들릴 수 있는 말을 해 보려고 한다. 복음주의자들이 짓는 죄 중의 하나는 우리의 구세주가 사상이나, 명제의 나열이나, 도덕률이나, 신조가 아닌 한 인격이라는 사실을 잊는 데서 말미암는다. 우리는 '필수적 교리주의'(essential tenetism)라는 죄를 짓는다.

필수적 교리주의는 일종의 우상숭배다. 이것은 '누구?'라는 질문 대신에 '무엇?'이라는 질문에 우선권을 부여한다. 당신은 무엇을 믿는가? 미안하지만 나는 내가 말하는 것을 믿지 않는다. 내가 사용하는 말이라는 형태, 혹은 표현 방법을 나는 믿지 않는다. 마치 살아 계신 주 예수님을 나의 신학적 개념으로 설명할 수 있다는 듯이 믿음의 신비로움을 말로 축소시켜 버리는 것을 믿지 않는다. 그런 식의 발상 자체가 신학적 자만에 지나지 않는다. 나는 "니케아 신경의 모든 내용들을 믿는다"고 고백하지 않는다. 니케아 신경을 고백하는 대신에 내가 믿는 만유의 주 예수 그리스도를 바라본다.

천국에 가면 신학자도, 신경도 없을 것이다. 그곳에는 신학이 필요 없기 때문이다. 그곳에는 오직 예수 그리스도 안에서 형제와 자매만이 있을 것이고 모두가 주님을 맞대면하여 보게 될 것이다. 신학, 신경, 교리 같은 것들은 모두 사라지고 없을 것이다.

나는 나의 말이 가리키는, 그리고 성경이 가리키는 그분 주 예수 그리스도를 믿는다. 물론 어떤 말들은 그래도 정확하고 충실하게 그분을 잘 나타내 주기도 한다. 그런 말들하고는 씨름을 할 가치가 있다. 나의 직업은 신학자이기에 생계를 위해 그 일을 한다. 그러나 말을 예수님이라는 실체와 혼동해서는 안 된다.

우리가 믿는 유일한 이름, 예수 그리스도를 떠나서 다른 권세, 더 중요한 권세는 없다. 권세와 전통이라는 모든 형이상학적 개념들은 그분의 통치 아래 들어가 있다. 모든 것은 그분의 발밑에, 그분의 심판과 은혜 아래 있다. 예수님의 이름 앞에 모든 무릎이 꿇게 될 것이다.

## 뜻밖의 이름

몇 년 전에 내가 영국 여권을 갱신하러 관공서에 들렀을 때였다. 신청서류들을 준비하기 위해 출생증명서를 복사하는 중에 증명서 앞에 아름다운 글씨체로 새겨져 있는 내 이름이 눈에 들어왔다. '앤드류 퍼브스'(Andrew Purves)! 그때까지 나는 한 번도 내게 중간 이름이 있다는 것을 들어본 적이 없었다. 출산 예정일보다 6주 일찍 미숙아로 태어나서 미처 중간 이름을 지을 겨를이 없었다는 것이다. 사실은 우리 부모님이 아예 내 이름조차 짓지 않으셨다. 내가 살아날 것이라고 생각하지 않으셨던 것이다. 아일랜드 구교도였던 어머니는 에든버러에 있는 성 마리아 성당의 병원에서 해산을 하셨고, 그 이튿날 신부님이 병원에 오셔서 나에게 세례를 주셨다.

출생증명서를 가만히 바라보다가 무심코 뒷장을 넘겨보았다. 그랬더니 맨 위 오른쪽 구석에 나의 세례 사실을 라틴어로 기록한 작은 글씨가 눈에 띄었다. 그런데 놀랍게도 거기에 나의 중간 이름이 있는 것이 아닌가! 나는 부리나케 계단을 내려가서 십대인 내 세 명의 아이들에게 나에게 중간 이름이 있다고 알려 주었다.

"아빠의 중간 이름이 뭔데요?"

"그건 친할머니의 결혼 전 성이야."

"아빠의 중간 이름이 뭐냐고요."

"음… 그건 19세기 스코틀랜드 소설가의 이름이기도 하지."

"글쎄 알았어요. 아빠의 중간 이름이 뭐냐니까요?"

"사실 스코틀랜드 국경 지방에서는 상당히 흔한 이름이라고 할 수 있어."

아이들의 목소리가 한층 더 높아졌다. "알았다고요! 그 중간 이름이 뭐냐니까요!"

내가 대답했다. "호그"(Hogg).

그 말에 아이들은 배꼽을 잡고 웃었다. "아빠는 돼지구나!"('hog'는 돼지라는 뜻을 갖고 있음-역주)


## 이름은 그 사람의 심원한 정체성이다

이름이란 그 사람이다. 이름이 사람을 말해 준다. '당신의 이름이 무엇입니까?'라는 질문은 그 사람의 영혼을 파고드는 질문이다. 한 인간의 심원한 정체성과 인간성(personhood)을 파고든다. 누군가의 이름을 안다는 것은 그 사람을 안다는 것이다. 누군가의 이름을 부른다는 것은 그 사람과 관계를 맺고 있다는 뜻이다. 그렇기에 자동차 판매원이나 보험사 직원이 나와의 첫 대면에서 아무런 존칭 없이 대뜸 이름만 부른다면 대단한 결례가 되는 것이다. 단순히 제품 판매라는 목적을 위해 나의 인간성을 짓밟았기 때문이다. 그것은 작위적 친밀함이라고도 할 수 있다. 내가 다른 사람의 이름을 존중하듯 나도 나 자신의 이름을 보호해야 한다.

십자가의 **목회** : 우리의 야심을 버리고 그리스도를 섬기는 법

사울은 "주여 누구시니이까"(행 9:5)라고 물었다. 그 말은 "당신의 이름이 무엇입니까?"라는 뜻이었다. 베드로는 유대인 지도자들이 모여 있는 공회에서 "다른 이로써는 구원을 받을 수 없나니 천하 사람 중에 구원을 받을 만한 다른 이름을 우리에게 주신 일이 없음이라"(행 4:12)고 외쳤다.

그렇다면 '예수'라는 이름이 왜 그토록 대단하다는 말인가? 예수님에게는 '그리스도', '주'라는 명칭 외에도 다른 명칭들이 많이 있다. 내가 성경에서 헤아려보니 무려 서른아홉 개나 되었다. 개중에는 아주 특이한 명칭들도 있다. 예를 들면 '광명한 새벽 별'(계 22:16)이나 '앞서 가신 분'(히 6:20), '보증'(히 7:22) 이라는 명칭들이다. 반면에 우리에게 친숙한 명칭들도 있다. '어린 양'(계 5:6), '말씀'(요 1:1), '대제사장'(히 8:1) 같은 것이 그것이다. 하지만 그분의 이름은 오직 하나 '예수'이며 그 이름은 구원을 베푸는 유일한 분을 나타내고 있다. 그것은 모든 이름 위에 가장 뛰어난 이름이자 모든 사람과 사물이 무릎을 꿇고 경배를 드려야 하는 이름이다.

## 이 세상에서의 이름

복음서에 보면 600여 차례에 걸쳐 우리 주님을 '예수님'이라고 부른다. '예수 그리스도'라는 표현은 네 번밖에 사용되지 않았다. '주 예수'는 두 번 언급되었고 두 번 모두 논란의 대상이 되고 있는 구절에서 등장한다(막 16:19와 눅 24:3). 자, 이제부터 내가 이야기하는 내용을 위해 윌리엄 바클레이(William Barclay)가 쓴 「예수 그리스도의 칭호」(청파, 1993)를 참조하기 바란다.

복음서를 쓴 사람들은 주님에 대해 신학자들처럼 거창하고 고상한 칭호를 사용하지 않았다. 그저 예수님이라는 그분의 이름을 사용했을 뿐이다.

그분은 추상적인 사상도 아니었고 도덕관념도 아니었다. 신학 토론의 주제나 신경도 아니었다. 그분은 이름이 있고, 뼈와 살이 있고, 마리아라는 여인에게서 태어나고, 제2성전기와 로마군 점령 시대에 유대 율법과 종교 속에서 태어난 분이었다.

예수라는 단순한 이름의 사용은 이 세상에 와서 살아 주셨던 그분의 삶을 상징적으로 나타내는 것이기도 하다. 따라서 다른 세상에서의 삶과 대비된다고 말할 수 있다. 이후 수세기 동안 교회는 그분이 인간이었다는 실제적이고도 엄연한 사실을 받아들이는 데 엄청난 에너지를 소비했다. 그러나 복음서에는 그런 문제가 전혀 없다. 그분의 이름이 그분을 세상에, 그리고 실제적인 육체(성육신)에 연결하고 있기 때문이다.

예수님이 태어나던 당시에는 '예수'가 매우 흔한 이름이었다. 스페인어를 사용하는 나라들에서는 지금도 흔하다. 예수는 '요슈아', '예호슈아', '예슈아'라는 세 개의 히브리어 이름을 헬라어로 옮긴 이름이었다. 요세푸스가 쓴 유대 역사서에는 예수라는 이름의 남자가 모두 스무 명 등장한다. 그 중 열 명은 예수님과 동시대 인물이었다. 그러다 2세기에 접어들면서 예수라는 이름이 없어졌다. 유대인들에게서 그 이름이 사라진 이유는 그 이름을 혐오했기 때문이었고, 그리스도인들에게서 사라진 이유는 너무도 거룩한 이름이었기 때문이었다.

## 이름의 의의

내 이름은 나에 대한 어떤 것을 이야기해 준다. 내 이름 '앤드류'(Andrew)는 친할아버지의 이름이었다. 세례명으로 받은 중간 이름 '호그'(Hogg)는 친할

십자가의 *목회* : 우리의 야심을 버리고 그리스도를 섬기는 법

머니 집안의 성에서 따 온 것이다. 내 이름은 나의 현주소를 말해 준다. 내가 어디에 속했고 누구인가를 말해 준다.

성경 시대에도 이름은 큰 의의를 갖고 있었다. 그때나 지금이나 이름에는 의미가 있다. 극단적인 예로서 호세아 자녀들의 이름을 생각해 보라. 이스르엘이라는 이름은 '여호와가 벌하신다'라는 뜻이고 로루하마는 '여호와가 불쌍히 여기지 않는다,' 로암미는 '여호와의 백성이 아니다'라는 뜻이었다.

예수라는 이름은 하나님이 직접 지어 주신 이름이다. 주의 사자가 요셉에게 나타나 마리아의 임신은 성령으로 말미암은 것이니 마리아를 아내로 삼으라고 하면서 다음과 같은 말을 덧붙였다. "아들을 낳으리니 이름을 예수라 하라 이는 그가 자기 백성을 그들의 죄에서 구원할 자이심이라" (마 1:21). 랍비들은 이렇게 말한다. "태어나기 전에 이름을 받은 사람은 여섯 명이다. 그들은 모세, 솔로몬, 요시야, 이스마엘, 그리고 메시아다"(「바클레이(Barclay)」, p. 11). 하나님이 손수 그분이 보낼 메시아의 이름을 지으셨다. 그 이름은 그분이 누구인가를 말해 준다. 그분이 상징하는 모든 것을 한 마디로 드러낸 이름이다. 그분의 인품과 사역이 그 이름 안에 압축되어 있다. 그분의 이름은 '예수'다.

## 하나님이 스스로 이름을 지으시다

하나님은 스스로의 이름을 지으신다. 누군가에게는 선뜻 이해가 되지 않는 일이다. 하나님의 이름은 우리의 신학적 상상력이나 사상적 취향을 산뜻하게 만족시키는 것이 아니다. "하나님이 그 아들의 영을 우리 마음 가운데 보내사 아빠 아버지라 부르게 하셨느니라"(갈 4:6). 하나님이 스스로의 이름을 지으신다는 사실은 불타는 떨기나무 사건의 '스스로 있는 자'에서부터 구세주의 이름, 그리고 하나님 아버지의 이름과 한결같은 일관성을 지니고 있다.

히브리어로 여호수아는 '여호와는 나의 도움', 혹은 '나의 구원'이라는 뜻이다. 천사가 요셉에게 말한 것처럼 그분은 "자기 백성을 그들의 죄에서 구원할 자"이시다. 이름 자체가 그분의 정체성, 즉 구세주라는 사실을 말해 주고 있는 것이다.

헬라어로 여호수아는 '예수스'(Iēsous)라고 표현한다. 헬라 신학자들은 그 이름을 '치유하다'라는 뜻을 가진 '이아스타이'(iasthai)라는 동사와 연관지었다. 사실 두 단어는 발음이 비슷하다는 것 외에 아무런 연관성도 갖고 있지 않다. 물론 예수라는 이름에 치유가 있음을 암시하는 기능은 해 줄 것이다. 그분은 '호 이오메노스'(ho iomenos), 즉 치유자이자 훌륭한 의사이기 때문이다. 베드로는 성령 충만함으로 절름발이 남자를 고쳐 준 것이 "나사렛 예수 그리스도의 이름으로" 한 것이었다고 공회 앞에서 당당하게 소리쳤다(행 4:10). 예수님이 치유자라는 생각은 분명히 신약에 근거한 것이다. 헬라인들은 예수님을 영혼과 육신을 모두 고쳐 주는 치료자로 여겼다. 그 사실을 명심할 때 우리는 그분 사역의 핵심에 가까이 다가서게 된다. 우리도 담대하게 "당신은 예수의 이름으로 용서받았습니다. 예수의 이름으로 병 고침을 받으십시오"라고 말할 수 있다.

찰스 웨슬리는 '만입이 내게 있으면'이라는 찬송가에서 치료자이신 예수의 이름을 다음과 같이 찬송했다.

십자가의 **목회** : 우리의 야심을 버리고 그리스도를 섬기는 법

내 주의 귀한 이름이 날 위로하시고

이 귀에 음악 같으니 참 희락되도다

## 기름부음 받은 자

예수의 이름은 역사의 희망이다. 그 이름은 또한 우리 각자의 희망이기도 하다. 따라서 그분은 '그리스도'라는 최고의 호칭을 받기에 합당하다. 히브리어를 헬라어로 번역한 '그리스도'는 '기름부음 받은 자'라는 뜻이다. 이름이라기보다는 호칭에 가깝다고 할 수 있다. 예수 그리스도란 '그리스도이신 예수', 혹은 '메시아이신 예수'라는 의미다. 이 호칭은 그분의 이름에 있는 모든 것을 구체화하고 특히 역사와 이스라엘이 걸었던 기대의 모든 것과 연결된다. 지금 현재는 그분의 사역 반경에 들어 있는 모든 나라와 민족을 아우를 수 있는 범세계적인 호칭이 되었다.

이것은 어마어마한 사실에 대한 작은 암시에 불과하다. 만일 예수님이 이스라엘의 선지자들처럼 단순히 하나님을 대표하는 분이 아니라면, 구약 시대 제사장들처럼 구속의 중재자가 아니라면, 하나님을 위해 하나님의 백성을 이끌었던 이스라엘 왕들과 같은 분이 아니라면, 아리우스 이단이 말하듯 완전한 하나님도 아니고 완전한 인간도 아니면서 인간 중재자가 되었던 그런 분이 아니라면, 훌륭한 종교와 도덕의 스승이 아니라면, 정말로 여호와 하나님의 기름부음을 받은 자라면, 정말로 인간의 몸으로 이 땅에 오신 하나님의 구원자라면… 그렇다면 우리도 적절한 신학적 범주를 찾지 못해 놀란 입을 다물지 못한 채로 바울처럼 이렇게 외칠 수밖에 없다. "주여 누구시오니이까?"

벌린 입을 다물지 못하며 그 말을 하는 순간에 우리는 그 말의 엄청남에 또 한 번 놀라고 만다. 그럼에도 불구하고 그 말은 산 위에서 만방에 외쳐야 하고 이 세상 모든 사람에게 들려 주어야 할 말이다. 우리는 예수님이 주라고 선포한다. 예수님은 만군의 주시다. 예수님은 하나님이시다!

## 더 이상 놀라지 않는다고?

예수님은 하나님이시다. 우리는 이 말을 너무 자주 들어서 이제는 진부하게 들릴 정도가 되었다. 더 이상 그 말을 들어도 놀라지 않는다. 칼 바르트 (Karl Barth)의 말처럼 어떻게 하면 낯익은 것을 낯선 것으로 되돌릴 수 있을까? 그래서 무릎을 꿇고 그분 앞에 지극한 감사와 찬양을 올릴 수 있을까? "말씀이 육신이 되어 우리 가운데 거하시매 우리가 그의 영광을 보니 아버지의 독생자의 영광이요 은혜와 진리가 충만하더라"(요 1:14).

교회가 하나님을 알기 위해서 그 모든 것의 의미를 다소나마 깨닫게 되기까지 수세기라는 시간이 흘러갔다. 위대한 신경들과 길고 난해한 신학 논문들도 기록되었다. 신학적 논쟁은 끝이 없었고 가끔은 폭력도 불사했으며 죽음을 불러오기까지 했다. 그 논쟁에 종지부를 찍었다고 할 수 있는 사람이라면 360년경 알렉산드리아의 대주교였던 성 아타나시우스를 꼽을 수 있다. 예수님에 대한 신학적 고찰에서 그는 예수님이 그리스도 안에 계신 하나님, 그리스도를 통해 일하신 하나님일 뿐 아니라 예수라는 인간으로 이 땅에 오신 하나님이었다고 말했다. 예수라는 인간으로서의 하나님! 우리가 염두에 두어야 할 것은 바로 그 엄청나고 충격적인 사실이다. 그것은 기독교 신앙의 핵심을 정의하는 놀라운 말인 동시에 기독교 교리와 사역의 타협할 수 없는 알맹이이자 핵심이다.

## 하나님을 논함

성경이 입증하고, 예배 시간에 선포하고, 교회에서 가르치는 예수님에 대해 논하는 것은 곧 하나님을 논하는 것이다. 예수님은 하나님에 대한 사실을 우리에게 이야기해 주시는 분이 아니다. 하나님을 위해 위대한 일을 하시는 분도 아니며 고매한 성인군자도 아니고 역사상 가장 위대한 종교가도 아니며 도를 깨우친 동방의 유랑 현자도 아니다.

예수님은 하나님이셨고 지금도 그러시기에 경배를 받으셔야만 한다. 그분은 세상을 창조한 말씀이시고, 구원하는 주이시고, 하나님의 통치를 이룩한 전능자이시고, 만유의 주시다. 하나님이 예수님 뒤에 몰래 감춰놓은 은밀한 비밀은 아무 것도 없다. 따라서 우리의 개념을 재조정하기 위해 가끔씩 상상력을 발휘해야 하는 일은 절대로 없을 것이다. 마리아에게서 인간의 몸을 받은 예수님은 하나님이시다. 우리에게 하나님은 누구와도 비교할 수 없는 하나님일 뿐이며 인간이신 예수님 안에서, 예수님을 통해서, 예수님으로서 우리의 구원이 이루어진다. 예수님을 통해, 성령의 주된 사역인 그분과의 연합을 통해 우리는 성부를 알게 되고, 성부를 섬기게 되고, 진리와 성령으로 성부를 예배하게 된다. 그것이 '다른 이름은 없다'라는 말의 의미인 것이다.

> "그는 보이지 아니하는 하나님의 형상이시요 모든 피조물보다 먼저 나신 이시니 만물이 그에게서 창조되되 하늘과 땅에서 보이는 것들과 보이지 않는 것들과 혹은 왕권들이나 주권들이나 통치자들이나 권세들이나 만물이 다 그로

말미암고 그를 위하여 창조되었고 또한 그가 만물보다 먼저 계시고 만물이 그 안에 함께 섰느니라 그는 몸인 교회의 머리시라 그가 근본이시오 죽은 자들 가운데서 먼저 나신 이시니 이는 친히 만물의 으뜸이 되려 하심이요 아버지께서는 모든 충만으로 예수 안에 거하게 하시고 그의 십자가의 피로 화평을 이루사 만물 곧 땅에 있는 것들이나 하늘에 있는 것들이 그로 말미암아 자기와 화목하게 되기를 기뻐하심이라"(골 1:15-20).

"너희 안에 이 마음을 품으라 곧 그리스도 예수의 마음이니 그는 근본 하나님의 본체시나 하나님과 동등됨을 취할 것으로 여기지 아니하시고 오히려 자기를 비워 종의 형체를 가지사 사람들과 같이 되셨고 사람의 모양으로 나타나사 자기를 낮추시고 죽기까지 복종하셨으니 곧 십자가에 죽으심이라 이러므로 하나님이 그를 지극히 높여 모든 이름 위에 뛰어난 이름을 주사 하늘에 있는 자들과 땅에 있는 자들과 땅 아래에 있는 자들로 모든 무릎을 예수의 이름에 꿇게 하시고 모든 입으로 예수 그리스도를 주라 시인하여 하나님 아버지께 영광을 돌리게 하셨느니라"(빌 2:5-11).

## 다른 이름은 없다!

그럼 본장의 핵심 구절을 다시 상기하면서 몇 가지 불편한(?) 진실을 이야기해 보겠다. "다른 이로써는 구원을 받을 수 없나니 천하 사람 중에 구원을 받을 만한 다른 이름을 우리에게 주신 일이 없음이라"(행 4:12).

첫째로, 사람들은 종종 다음과 같은 멍청한 질문을 할 때가 있다. "예수님이 뭐 그리 대단하다는 거야?" 이것은 최근에 우리 장로교단(미국)을 뒤흔들어놓은 질문이었다. 물론 그에 대한 대답은 "예수님은 대단하지 않다. 그

십자가의 **목회** : 우리의 야심을 버리고 그리스도를 섬기는 법

분은 지존하시다!"이다. 예수님은 어느 목록에 있는 하나의 이름이 아니라 그 목록 자체이다. 그분이 주님이라는 것은 바로 그런 의미와 상통하는 것이다. 목록 전체가 그분의 은혜와 심판 아래 있다. 믿음과 삶과 사역 안에 있는 모든 것들은 그분과의 관계 안에서만 진리가 된다. 신약에 기록된 예수님에 관한 전 우주적이고도 역사적인 말씀을 제외한 다른 모든 의문과 문제들은 하찮은 것으로 전락하고 만다.

그리스도인이란 예수님이라는 이름 하나에 뿌리를 박아서 그분께만 전적으로 헌신하는 자들을 말한다. 믿음과 삶의 다른 모든 문제들은 그 이름의 차원에서 이해되어야 한다. 구원자 예수 그리스도의 주권과 그분의 중요성을 상실하게 된다면 교회는 배교자가 되는 것이다.

## 그리스도를 전하라

내가 내린 두 번째 결론은, 교인들에게 동기를 부여하고, 목회자들을 유용하게 동원하고, 역사를 바꾸며 하나님 나라를 고대하는 사역을 가능하게 하고, 모든 힘과 정성을 다해 불신자를 전도할 수 있게 하는 유일한 전도 전략은 오로지 다른 이름에 구원이 없음을 전파하는 것이라는 사실이다. 특히 목회자와 사역자들에게는 그 사실을 최대한 힘주어 강조하고 싶다. 그리스도를 전하고, 그리스도를 전하고, 그리스도를 전하라. 목사 사무실에서 나와서 서재로 들어가라. 사무실 관리자, 프로그램 진행자, 회의 주관자 노릇은 그만두고 당신이 사명을 받은 바로 그 일, 즉 하나님의 말씀을 전하고 성례전을 집도하는 데 최선을 다하라. 다시 한 번 훌륭한 신학자가 쓴 어려운 고전 신학서적을 꺼내들고 시간과 노력을 들여 몇날 며칠이고 그것을 탐독하라. 예수 그리스도의 인간성에 대한 아타나시우스의 책, 성화에 관한 존 웨슬리의 책, 성삼위에 대한 아우구스티누스의 책, 그리스도인의 삶에 대한 칼뱅의 책, 그리스도의 제사장직에 대한 앤드류 머레이의 책을 읽어보라. 그러면 교인들의 가슴을 울리는 무언가를 말할 수 있게 될 것이다.

성경 주석은 설교와 가르침만을 위한 것임을 잊지 말라. 그 외에는 사용처가 없다. 따라서 그 두꺼운 주석 책을 내려놓고 성경의 본문 말씀과 씨름하라. 당신이 하는 대부분의 일이 설교의 지배를 받게 하라. 그리스도를 전하는 것에 목숨을 건 사람처럼 말이다(실제로 당신은 그 일에 목숨을 건 사람이니까). 당신 교회의 교인들에게 새로운 권위를 알게 하라. 당신 자신과 교인들의 위에는 하나님의 말씀, 즉 예수 그리스도의 권위가 있음을 알게 하라. 그리스도를 전하는 신중한 전도자가 되겠다고 다시 한 번 진지하게 자신을 헌신하라. 교인 수를 늘리기 위해 설교하지 말고 주님이 하시는 일을 증언하기 위해 설교하고, 교회 성장은 주님의 손에 맡겨 드리라. 예수님 안에 거하고 그 어느 때보다 깊고 정확하게 그분을 알려고 노력하라. 주님이 교인들에게 하시는 말씀을 전하고 그분이 교인들 가운데서, 혹은 안에서 무엇을 하시는지를 알려 주라. 당신에게 보는 눈과 들을 귀가 있다면 주님이 당신의 지역사회에서 무엇을 하시는지를 깨닫게 될 것이다. 당신이 하는 모든 일과 모든 말에 그리스도 중심의 성경해석법을 개발하라. 그 이유는 오직 하나, 구원을 베풀 다른 이름이 없기 때문이다.

십자가의 *목회* :우리의 야심을 버리고 그리스도를 섬기는 법

## 예수님과 함께 시간을 보내라

내가 내린 세 번째 결론은 예수님과 함께 시간을 보내야 한다는 것이다. 본 장에서 말한 것처럼, 믿음이 말해 주는 것처럼, 우리가 당연히 알고 있는 것처럼 그분이 그토록 지존하고 엄청난 분이라면 마땅히 우리는 그분을 위해 시간을 내야 한다. 사실은 그분도 우리에게 시간을 내라고 요청하신다.

미국 오스틴(Austin) 신학대학원의 마이클 진킨스(Michael Jinkins) 교수의 연구 결과를 반복하자면 그가 만난 장로교 목사 중 62%의 목사들이 개인적인 신앙생활이 전무하거나 아주 미미했다고 한다. 나는 그 결과에 깜짝 놀랐다. 작고한 네덜란드의 로마 가톨릭 사제 헨리 나우웬(Henri Nouwen)은 언젠가 이런 말을 한 적이 있다. "예수님의 이름 안에서 살지 않으면 그 이름으로 목회할 수 없다." 요한복음 15장 1–11절의 말씀을 암송하라. 우리는 예수님 안에 거해야 한다. 그렇지 않으면 우리는 아무 것도 할 수 없다. 나는 예수님의 그 말씀이 과장이 아니라 있는 그대로의 사실임을 믿는다. 주님은 당신과 당신의 교회를 변화시켜 주신다. 중요한 것은 그리스도다. 그리스도 안에 거하라.

## 항상 기뻐하라

마지막으로, 구원을 베풀 다른 이름이 없고 우리가 그 이름 안에서 살아가기 때문에 "주 안에서 기뻐하라 내가 다시 말하노니 기뻐하라"(빌 4:4). 니케아 신경이 그 대목을 잘 살려 주었다. 인생의 주된 목적은 하나님께 영광을 돌리고 영원히 그분을 사랑하는 것이다. 천사는 목동들에게 "온 백성에게 미칠 큰 기쁨의 좋은 소식을 너희에게 전하노라"(눅 2:10)고 했고 예수님도 말씀하시길 "내가 이것을 너희에게 이름은 내 기쁨이 너희 안에 있어 너희 기쁨을 충만하게 하려 함이라"(요 15:11)고 하셨다. 우리의 이름 '그리스도인'은 그리스도의 이름에서 따온 것이다. 우리는 그 이름의 소유자가 되었다. 그 이름이신 분이 우리의 이름을 결코 잊지 않으실 것이다.

악한 마귀들이 우리에게 무엇을 던져놓든 간에 기뻐하라. 목회가 아무리 고되고 힘들어도 기뻐하라. 언제나 기뻐할 줄 아는 사람이 되라. 주님은 승리하신다. 위대한 이름을 가진 그분, 그 이름 자체이신 그분, 모든 이름 위에 뛰어난 이름이신 그분이 우리와 영원토록 함께하신다. 다시 한 번 말하지만 기뻐하라. 우리가 구원받을 수 있는 이름은 그 이름 외에 천하 인간에게 주신 일이 없다.

그렇다면 예수님의 '이름으로' 하는 사역이란 무슨 뜻일까? 이 책의 나머지 부분은 그 질문에 대한 대답이라고 할 수 있다.

# 2장

# 주여,
# 누구십니까, 그리고 무엇을 하십니까?

– 사역이란 하나님이 누구시며 무엇을 하시는가를 아는 것

미국에서 유창한 설교로 유명한 어느 목사가 우리 대학원 예배 시간에 초청되어 설교를 한 적이 있었다. 그는 과감한 사역 자세를 강조하면서 예언자적 제자들이 되라고 말했다. 또한 과거의 용감했던 신앙투사들을 줄줄이 나열하고 우리도 나가서 그같이 해야 한다고 목소리를 높였다.

나는 그 이야기를 들으며 온몸의 힘이 쭉 빠져나갔고 '반드시, 필히, 꼭, 틀림없이, 세상없어도'와 같은 수식어들이 주는 죄책감에 머리가 어지러워졌다. 그에게 어떤 신학적 딱지를 붙이든 그게 문제가 아니었다. 자유 신학이든 보수 신학이든 모두가 그런 식의 설교들을 하고 있기 때문이다. 그는 하나님 나라를 이룩하는 것이 우리 책임이라는 식으로 말했다. 그러니까 하나님이 만들어 놓으신 일종의 가능성에 불과한 것을 우리는 반드시 실현해야 하고 심지어 하나님이 선택권을 주신 일도 우리는 예외 없이 성취해야 한다고 열을 올렸다.

## 헌신에 대한 죄책감

억척스런 기독교 사역자들의 간증을 듣다보면 우리도 모르는 새 그것이 진리인 것처럼 받아들이는 경우가 종종 있다. 그래서 헌신적인 제자가 되지 못했다는 자책감에 사로잡힌다. 그리스도인의 삶과 사역에서 가장 어려운 문제 중의 하나는 복음을 철저하게 있는 그대로 이해해서 복음을 율법이나 의무나 명령으로 변질시키지 않는 것이다.

빌립보서 3장 12절에서 바울이 한 말을 생각해 보라. "내가 이미 얻었다 함도 아니요 온전히 이루었다 함도 아니라 오직 내가 그리스도 예수께 잡힌 바 된 그것을 잡으려고 달려가노라." 달려갈 수 있는 힘은 예수께 잡혀 있기 때문에 나오는 것이다. '잡혀 있다'는 뜻의 헬라어 '카타람바노' (*katalambano*)는 강하다 못해 매우 저돌적인 뜻의 동사다.

그리스도인으로서 하나님의 나라를 이루기 위해 달리고, 애쓰고, 노력하는 모든 일이 우리 자신에게 달린 것이라면, 모든 초점이 우리의 순종과 헌신에 맞추어져 있다면, 우리의 패배는 불을 보듯 뻔하다. 왜 그런지 아는가? 우리의 정신 상태와 행동이 하나님 나라를 이룩하기에는 너무도 허약하고, 변덕스럽고, 신실치 못하기 때문이다.

허약하고 모자란 그리스도인들에게 복음은 과연 무엇인가? 자신이 죽은 자를 살릴 수 없고, 병든 자를 낫게 할 수 없고, 파괴된 가정을 회복할 수 없고, 암을 고칠 수 없음을 깨달았을 때 과연 우리는 무엇을 하고 어떤 감정을 느껴야 하는가? 그리스도인이 신실하게 섬길 수 있는 이유는 오로지 예수님이 우리의 영적인 손목을 꽉 붙들어 주시고 놓지 않으시기 때문이다.

## 예수님을 대체할 것은 없다

우리가 하는 사역에는 구속력(이 말이 어느 정도의 심각한 의미로 다가오든 간에)이 없다는 사실을 깨닫는 순간에 허탈감과 굴욕감마저 맛본다는 것을 앞서 이야기했다. 예수님이 성령으로 임재하시는 사역이라야 하나님만이 하실 수 있는 일이 이루어지게 된다.

오로지 예수님이 하시는 사역만이 구속력을 갖는다. 우리가 하는 최고의 헌신적 섬김이나 위대한 공헌도 예수 그리스도의 구속의 사역을 대신하지 못한다. 예수님의 사역을 목사의 사역으로 대체하는 일은 목사 자신에게, 그리고 특히 교인들에게 위험하기 짝이 없는 일이다. 그런 일이 일어나면 목회는 십자가에 못박혀야 한다.

목회에 관련된 책과 교육은 예수 그리스도와 그분의 사역이 그 중심을 차지해야 한다. 그러나 아주 특별한 차원에서 그렇게 해야 한다. 다시 말해, 그분이 누구인가를 가르침과 동시에 과거에 그분이 사역을 하셨고, 지금도 성령의 능력으로 사역을 하고 계시고, 재림하실 미래에도 사역을 하신다는 얘기가 무슨 의미인지를 가르쳐야 한다.

특히 본장에서 내가 중점적으로 다룰 주제는 예수님이 누구이며 그분이 실제로 지금 여기에서 하시는 사역을 우리가 어떻게 이해해야 되는가이다.

본장을 기점으로 해서 신학의 실제적인 면에 눈을 돌리고 사도행전 4장 30절에 나오는 '성도들의 기도'가 어떤 결론을 말해 주는지를 알아보자. "손을 내밀어 병을 낫게 하시옵고 표적과 기사가 거룩한 종 예수의 이름으로 이루어지게 하옵소서." 자, 이제부터는 살아서 역사하시는 주님의 사역에 관한 신학적 토론을 하려고 한다. 사역에 대한 고찰은 우리가 이미 알고 있듯이 예수 그리스도 안에서, 예수 그리스도를 통해서, 예수 그리스도로서의 하나님 사역을 생각하는 것에서 시작해야 한다. 그 사역 안에서 하나님은 현존하시고 역사하시며 다스리시는 주님으로 우리를 만나 주신다. 물론 현재는 육신을 입은 인간의 모습이 아닌 성령의 능력으로 우리를 만나신다. "볼지어다 내가 세상 끝날까지 너희와 항상 함께 있으리라"(마 28:20). 분명한 사실은 예수님이 항상 함께하겠다고 약속하셨다는 점이다. 다만 우리가 알고 싶고, 알아야 할 사실은 "당신은 누구이며 현재 무엇을 하고 계십니까?"이다.

## 절박한 기도, 조용한 응답

나는 전에 암에 걸려서 수술을 받은 적이 있다. 병원 침대에 누워서 앞으로 6개월 간 받을 화학요법이 어떤 것이며 내가 과연 그 과정을 잘 견딜 수 있을까라고 생각했던 기억이 난다. 머릿속에서는 이런 생각이 꼬리를 물고 이어지고 있었다. '지금 나에게 필요한 것은 내 정신력을 강하게 해 줄 신학 논문도 아니고(물론 그런 것이 필요할 때가 있지만), 그리스도 안에 계신 하나님이 내 고난과 두려움 중에 함께하신다는 믿음도 아니야(물론 그런 믿음이 도움이 되지만). 나는 강하고 능력 있는 하나님이 필요해. 무엇이든 변화시킬 수 있는 그런 하나님이 필요하다고.'

나는 주님께 "살려 주세요!"라며 기도했지만 정말로 하늘에서 응답이 들릴 것이라고 기대하지는 않았다. 내가 들은 것은 다만 역사하시는 하나님의 아주 조용한 내적 음성이었다. 그 음성이 외롭고, 겁에 질리고, 고통에 몸부림치고, 진통제에 취해 있는 쉰여섯 살 남자의 내면에서 잔잔하게 들

십자가의 **목회** :우리의 야심을 버리고 그리스도를 섬기는 법

려왔다. 살든 죽든 모든 것은 주를 위한 것이고 그분은 결코 나를 떠나지 않으신다고 말씀하셨다.

치유를 빈다고 모든 병자가 낫는 것은 아니다. 그래서 치유는 대단한 수수께끼이기도 하다. 그러나 평강을 주시겠다는 주님의 약속은 결코 빈말이 아니다. 주님은 그분을 아는 모든 사람에게 평강을 주신다. 하나님은 분명히 일하신다. 설령 하나님이 일하시는 방식이 내 기대와 완전히 어긋난다고 해도 나는 그 사실 자체를 절대 의심하지 않는다.

## 언제나 현재진행형

하나님이 일하신다. 우리는 그 사실을 믿는다. 특히 성령을 통해서 예수님이 일하신다고 우리는 믿는다. 그렇다면 그분이 일하신다는 말은 무슨 의미인가? 그분은 어떻게 일하실까? 그분이 일하시는 방식이 우리의 사역에 어떤 연관성을 갖는가? 실천 신학은 행동에 대한 신학이다. 예수님 이름의 능력 안에서 '무엇을 어쩌라고?'의 대답인 것이다. 즉 우리 주 예수 그리스도를 통해 모든 것을 한다는 그 놀라운 신비 속으로 들어가려는 시도라고 할 수 있다.

모든 것은 예수님의 이름을 통해 이루어진다. 그분의 인격과 사역은 언제나 현재진행형이다. 하나님은 예수님을 통해 일하시고 예수님은 하늘로 승천하셔서 성령의 능력과 그분의 사랑의 자유 속에서 하나님 아버지와 우리, 그리고 우리와 하나님 아버지 사이에서 언제까지나 중재자로 살아가신다. 예수님이라는 이름을 가진 그리스도인 그분을 통해 우리는 영혼의 아버지이신 하나님께로 인도받는다.

예수님의 이름을 통해 모든 것을 믿고, 행하고, 말하고 소망해야 한다는 사실을 잊어버리면 복음 안의 모든 것은 율법, 의무, 강제, 책임으로 돌변해 버린다. 예수님을 통해 사역한다는 사실을 망각하는 순간 우리는 기쁨과 활력을 잃고 축 쳐진 피클 상태로 살아갈 수밖에 없다!

## "WWJD?"

풀러 신학대학원의 레이 앤더슨(Ray Anderson) 교수는 언젠가 WWJD 질문은 잘못된 질문이라고 지적한 적이 있다. 한 동안 교회 다니는 청소년과 젊은이들 사이에는 'WWJD'라고 머리글자가 새겨진 팔찌를 손목에 차고 다니는 것이 대유행이었다. 말하자면 그것은 어떤 상황에 부딪치든지 '예수님이라면 어떻게 할 것인가?'(What would Jesus do?)를 속으로 질문해 보라는 의미였다. 그로써 예수님의 가르침과 도덕관념에 따라서 행동하는 그리스도인이 되라는 것이었다.

앤더슨 교수의 지적과 함께 내가 보는 WWJD 신학의 가장 큰 문제점은 예수님을 도덕 교사로 만들어서 그분을 모방하게 한다는 것이다. 이 경우 공은 우리에게 던져진 것이나 마찬가지다. 심지어 성령의 도움을 다소 받는다고 해도 기독교는 마치 윤리강령에 대한 순종의 종교로 비칠 뿐이다.

오늘날 목회와 사역에 대한 일반적인 관념은 WWJD와 비슷한 근거 위에 형성되어 있다. 우리는 그것을 사역의 '만성 후유증' 이론이라고 부른다. 이 이론에 따르면 예수님은 어려울 때마다 서로를 돌보라고 명령하시는 분으로 간주된다. 프린스턴 신학대학원의 교수이자 현대 목양 운동의 아버지인 고(故) 스워드 힐트너(Seward Hiltner) 교수는 '선한 사마리아인 원칙'을 이렇

십자가의 *목회* :우리의 야심을 버리고 그리스도를 섬기는 법

게 표현했다. '상처받은 사람들이 쓰러져 있는 곳에 가서 그들을 도와주라.' 이때 행동의 동기는 예수님의 지속적인 도덕적 영향력이며 우리가 해야 할 일은 유능한 일꾼이 되기 위해 필요한 기술을 갖추는 것이다. 다시 말해 인간의 고통이 행동양식을 결정하는 셈이며 사역에 필요한 기술이 곧 그 고통의 해답이라는 결론에 도달하는 것이다. 좀 더 격식을 차려 말한다면 그 신학적 틀에서 이루어진 돌봄의 행위가 인류학적 출발점이 되는 것이다. 그럴 때 사역은 기본적으로 '우리가 하는 일'이 된다.

사역 기술을 중요시하는 것은 옳은 일이다. 타인을 도와주는 것도 도덕적으로 올바른 일이다. 적절한 기술을 갖추지 않고 사역을 하게 되면 저질 사역이 되고 만다. 그러나 사역에서 하는 모든 일이 그저 신앙적 양심에 따른 섬김이라면 아무리 기술이 탁월해도 사실상 맛없는 정찬이 되고 만다. 우리가 아무리 가치 있는 사역을 해도 우리가 하는 일에는 구속력이 없다. 우리의 사역을 하나님의 구속력 있는 매개체로 간주하는 것은 복음과 맞지 않는 생각이다. 그보다 훨씬 더 혁신적인 개념을 깨달아야 한다.

## 누가 사역을 하는가?

사역이란 우리가 하는 것인가, 예수님이 하시는 것인가? 정답은 물론 예수님이 하시는 것이다. 우리에게는 사역이 있지만 그 사역의 주인은 따로 있다. 우리의 사역은 어느 면에서든지 예수님이 하시는 지속적인 사역에 달려 있다. 그분의 사역은 현재진행형이다. 얼마나 반갑고 기쁜 소식인가! 예수님은 허울뿐인 주님이 아니라 일하시는 주님이시며 과거에만 일하셨던 것이 아니라 현재에도, 또 미래에도 일하시는 분이다.

사역은 신학적인 행위다. 사역이 신학적인 행위가 되는 이유는 '하나님이 일하신다'는 데 있고 그 사실로 인해 사역이라고 할 수 있다. 언제나 그랬듯이 하나님은 지금도 그분의 살아 있는 말씀, 즉 예수 그리스도를 통해 일하고 계시다. 하나님은 예수 그리스도의 지속적인 사역을 통해 일하시며 예수님은 성령의 은혜 안에서, 그리고 성령의 은혜에 의해서 우리에게, 우리를 위해 현존하신다.

하나님이 일하신다는 말은 먼저, 하나님이 예수님의 등 뒤에서 일하시지 않음을 의미한다. 하나님의 광대한 목적을 이루는 데 예수님이 마치 잉여의 부차적인 존재인양 착각해서는 안 된다. 신약에서 확언하는 예수 그리스도의 주권은 현재도 동일하며 언제까지나 동일할 것이다. 하나님의 구원 사역은 그리스도의 존재가 필수적이라는 특성을 갖고 있다.

하나님이 일하신다는 두 번째 의미는 그리스도인의 신앙과 삶과 사역이 관념적이고 추상적인 어떤 의미 체계에 기반을 둔 것이 아니라 오늘도 지속적인 은혜와 사랑과 교류를 통해 시간과 공간 속에서 일하시는 주 예수님과의 인격적 관계에 기반을 두고 있다는 뜻이다. 주 예수님과의 인격적 관계는 그리스도인들에게 퍽이나 익숙한 말이다. 그러나 그분의 사역에 동참하고 그분의 일을 공유한다는 측면에서 그 인격적 관계를 생각하는 것은 아마도 낯선 개념일 것이다. 그 어마어마한 사실이 현실이 된다면 우리가 하는 일에 그보다 좋은 소식이 어디 있겠는가!

세 번째로, 하나님이 일하신다는 것은 언제나 우리가 아닌 예수 그리스도를 강조해야 함을 의미한다. 하나님은 우리를 사랑하고, 용서하고, 축복하시며 예수님은 우리를 위해 늘 함께하겠다고 약속하셨다. 우리는 그 신

십자가의 **몸치** : 우리의 야심을 버리고 그리스도를 섬기는 법

실한 약속에 초점을 맞추어야 한다. 우리가 받았던 사랑과 용서와 축복에 초점을 맞추어서는 안 된다. 물론 그런 것들도 중요하지만 더 중요한 것은, 그러면서도 우리가 자주 간과하는 것은, 하나님이 받으실 만한 삶과 사역을 하나님께 드리는 인간으로서의 예수님이 우리와 함께하시겠다고 약속하신 사실이다.

이 모든 것은 하나님께 영광을 돌리고 세상을 유익하게 하려는 것이다. 목회 신학이란 하나님에 대한 '우리'의 체험을 논하는 것이 아니다. 물론 그것도 중요한 문제임에는 이견이 없지만 진정으로 목회 신학에서 추구할 목표는 성령의 능력으로 예수 그리스도 안에서, 예수 그리스도를 통해서, 예수 그리스도로서 우리가 경험하는 하나님이어야 한다.

## 그리스도가 사역을 가능하게 하신다

자, 이제는 예수님이 승천 후에 끼치는 영향력이라든가 성령이 역사한다는 막연한 차원을 넘어 하나님의 구체적인 역사를 생각해 보도록 하자. 단순히 인간을 돌보고 돕는다는 것보다 더 획기적이고 파격적인 무언가가 있을 것이다. 물론 "예수님이라면 어떻게 할 것인가?" 라는 질문도 무시하면 안 된다. 예수님의 도덕적 영향력이 필요한 때가 있다. 그러나 더 중요한 질문은 "오늘날 우리에게 예수 그리스도는 어떤 분이며 지금 현재, 이 병실에서, 이 당회에서, 이 예배에서, 이 상담에서, 예수님은 무엇을 하시는가?" 이다.

그리스도의 역사에 동참한다는 것은 그분의 생명을 공유한다는 뜻이며 그분의 생명을 공유한다는 것은 그분이 누구이고 무엇을 하시는가에 따라

내 사역의 모든 것이 결정된다는 뜻이다. 예수님이 계시는 곳이면 어디서나, 그리고 우리가 그분의 일에 동참하는 곳이면 어디서나 그곳에는 교회의 진정한 은혜로운 사역이 이루어진다. 우리의 사역을 위해 예수님이 임재하시는 것이 아니라 현존하고 살아 계신 예수님이 우리의 사역을 가능하도록 만드시는 것이다.

나는 그리스도인의 삶과 사역에 관한 두 가지 중대한 사안을 논의하는 데 이 책의 전부를 할애할 생각이다. 그 첫째는 오늘날 우리에게 예수 그리스도는 실제적으로, 그리고 구체적으로 어떤 분인가를 정의하는 것이고, 둘째로는 그 현존하고, 역사하고, 통치하시는 그리스도의 삶과 사역에 동참한다는 것이 어떤 의미인가를 살펴보는 것이다.

나는 1970년대 에든버러의 뉴 칼리지(New College)에서 공부할 때 교리론 2를 수강했다. 그 시절은 지금 생각해도 즐겁고 감사하다. 열정적이고 명쾌한 강의로 유명했던 제임스 B. 토렌스(James B. Torrance) 교수는 기독론 (Christology)에 있어 '어떻게'라는 질문보다 '누구'라는 질문을 먼저 하라고 누누이 강조하곤 했다. 사실 신학의 모든 것은 예수 그리스도가 누구이며 그분을 구세주로 고백한다는 것이 어떤 의미인지를 아는 것에 달려 있다. 처음부터 잘못된 질문을 던져 엇나가기 시작하면 복음의 핵심과 의의를 제대로 이해할 수 없다. '예수 그리스도가 주시다!'라는 기독교의 핵심 교리는 "이 세상에 성육신한 구세주가 누구인가?"라는 질문의 대답이다.

'누구'라는 질문을 우선시하는 것은 교회의 전통적인 신학의 흐름과도 일맥상통한다. 제임스 토렌스 교수는 디트리히 본회퍼로부터 그 점을 배웠다고 말했다. 본회퍼가 쓴 「중심이신 그리스도(Christ the Center)」초반에 보면

십자가의 **목회** :우리의 야심을 버리고 그리스도를 섬기는 법

기독론에서, 더 나아가 사역에서 우리가 다루는 방법론적 문제들의 핵심을 놀랄 만한 통찰력으로 짚어내고 있다. 본회퍼의 출발점은 오늘날 우리가 말하는 비(非) 정초주의(토대주의)적 기독론(non-foundationalist Christology)을 이해하기 위해서 반드시 거쳐야 하는 출발점이다. 계몽주의 철학자들은 예수 그리스도의 정체성에 대해 일정한 범주를 정하지 않았다. 다시 말해 우리가 무엇을 믿어야 하고 무엇을 믿지 말아야 하는지를 말해 주지 않는다는 것이다. 만약 우리가 정말로 살아 계신 그리스도를 만났다면 그때 유일하게 할 수 있는 말은 다메섹 도상의 사울처럼 "주여, 당신은 누구십니까?"라는 질문밖에 없다. 바로 이것이 기독론에서 대답해야 할 질문이자 질문 자체를 올바른 기초 위에 올려놓는 길이 되는 것이다.

기독론이나 사역론은 하나님의 초월성을 경험했던 과거 역사를 묻는 데서 출발하지 않는다. 과거의 사실을 사실 그대로 인정한 뒤에 거기에서 앞으로 나아가야 한다. 우리가 "주여, 당신은 누구십니까?"라고 물을 때 성육신하신 구세주의 대답은 인간의 경험론적인 차원에서 줄 수 있는 대답이 아니라 오직 예수님 스스로 그분의 차원에서 줄 수 있는 대답이다. 예수님을 우리 인간의 사상적 범주에 넣어서는 안 되며 그분이 고유하게 갖고 있는 정체성에 따라 우리의 사상이 형성되어야 한다.

## 땅에 발을 붙인 신학

신학과 사역에 있어서는 언제나 그렇듯이 '실상'(actuality)은 그 뒤에 따라오는 '앎'(knowing)과 '행함'(doing)을 가능하게 하는 것에 우선하며 그 둘을 제어한다. 공중에 둥둥 떠다니는 이론으로서의 신학이 아니라 땅에 발을 붙이고 있는 신학이 예수 그리스도의 희생에 더 가까운 신학이다. 예수님은 우리를 정말로, 실제적으로 만나 주신다.

예수님이 자신을 알려 주시고 우리를 만나 주셔야만, 그래서 성령으로 우리를 그분과의 인격적 관계로 이끌어 주셔야만 우리는 "주여 당신은 누구십니까?"라고 물을 수 있다. 이러한 질문은 그분이 우리에게 부여하시는 조건에 따라 제기되어야지, 우리가 그분에게 부여하기 원하는 조건에 따라 제기되어서는 안 된다. 예수 그리스도 밖에서 그분을 알 수 있는 토대는 없으며 성령으로 말미암아 주님과 하나가 된다는 사실은 그분만이 설명해 주실 수 있다. 예수님이 진리이며 하나님의 실체라는 사실을 확인하고 비준할 수 있는 권한은 오직 그분에게만 있다. 예수님이 스스로 자신을 계시하시듯 스스로 자신을 입증하신다. 우리는 하나님과 하나님의 말씀으로만 하나님을 알 수 있는 것이다.

## 계몽주의가 만난 워털루

예수 그리스도에 관한 한 인간의 자율적인 이성은 한계에 도달한다. 인간의 보편적인 이성을 신학에 접목하려 했던 계몽주의의 실험은 그 자체의 워털루(Waterloo: 1815년 나폴레옹이 영국과의 전투에서 패배한 곳으로 이후 나폴레옹은 몰락하게 됨-역주)를 만나고 말았다. 예수님 자신이 밝히시는 그분의 정체성

십자가의 **목회** : 우리의 야심을 버리고 그리스도를 섬기는 법

과 존재를 떠나서 기독론과 사역은 아무런 가능성도 갖고 있지 않다. 우리가 예수님께 드리는 '누구'라는 질문은 부활하고 승천하신 주님의 정체성과 의미를 더 깊이 발견하도록 도와준다.

예수님이 누구신가라는 질문은 그분에 대한 사실에 기반을 둔 것이지 예수 그리스도와 별도로 형이상학적, 혹은 인식론적 필요에 의해 확립된 이전의 개념에 기반을 둔 것이 아니다. 전문적인 용어로 표현하자면 신학은 연역적 사고에 의해서가 아니라 귀납적인 사고를 통해서 확립되는 것이라고 할 수 있다.

지금까지의 난해한 이야기들을 색다른 방식으로 표현하자면 이렇다. 만일 우주를 만든 창조주가 물 위를 걷고 싶다면 걸으실 것이다! 이때의 신학적인 반응은 "어떻게 그렇게 하셨습니까?"가 아니라 "주여 당신은 누구십니까?"이다.

예수님은 구원자와 주로서 우리를 만나 주신다. 그분은 우리와 함께하며 동시에 우리를 사랑하는 임마누엘 하나님이다. 나의 요점을 명확히 하기 위해 여기서 잠시 언어유희를 하는 것을 양해해 주기 바란다. 예수님은 자신의 존재대로 행하신다. 그분이 자신의 존재대로 행하시기 때문에 우리는 우리가 행하는 것이 우리가 아니라 그리스도와의 연합 가운데서 행하는 우리가 곧 우리가 된다. 예수님의 '존재(I am)'가 그분의 '행동(I do)'으로 이어지고 그것은 다시 우리의 행동으로 이어진다. 예수님을 아는 것, 그래서 그분의 사역을 알고 그분과 하나 되어 그분의 생명을 공유하는 것이 모든 실천 신학의 중심인 것이다.

## 심방의 사례

기독론이 전개되는 결과 목회적 책임이 발생한다. 기독론이라는 독수리는 사역이라는 날개를 펼친다. 그렇다면 실제 상황에 빗대어 구체적인 예를 한 가지 들어보겠다.

때는 목요일 오후 2시다. 목사인 당신은 스미스 부인이라는 교인의 집에 심방을 갔다. 신학적으로 당신이 해야 할 과제는 무엇인가? 당신이 현관의 초인종을 누를 때 누가, 혹은 무엇이 당신의 이후 시간을 어떻게 보낼지를 결정지을 것인가?

사역은 신학적 행위이기 때문에 예수 그리스도 안에서, 예수 그리스도를 통해서, 예수 그리스도로서의 하나님이 그분의 사랑으로, 그리고 성령의 임재 안에서 적극적이고도 구속적으로 스미스 부인과 마주하게 된다. 그때 당신은 예수님이 무엇을 하고 계시는지 알아낼 수 있는가? 만일 그분이 어떤 분인지를 알고 그분이 하시는 일이 무엇인지도 알아냈다면 당신은 과연 무엇을 해야 하는가?

허겁지겁 목사의 책무부터 챙기려고 하지 말라. 일단은 심방이 갖고 있는 기본적인 신학적 의미부터 살펴보기로 하자. 현재 스미스 부인에게 예수 그리스도는 누구인가? 편의상 그녀가 한 달 전에 남편과 사별한 부인이라고 가정해 보자.

예수님이 누구이며 구세주로서 그분이 목요일 오후 2시에 스미스 부인에게 무엇을 하고 계신지를 잘 알고 있는 목사라면, 즉 주님과 스미스 부인에 대한 모든 상황적 특이성을 잘 분별하고 있는 목사라면, 그는 그런 지식과 분별력을 바탕으로 말하고 행동할 것이다. 결국 이것은 인간의 사역이

십자가의 **목회** :우리의 야심을 버리고 그리스도를 섬기는 법

아닌 '그분'의 사역인 것이다. 예수님이 스미스 부인을 위로하고, 구원하고, 축복하고, 도울 수 있다. 이것이 그분의 사역이라고 확실하게 말할 수 있는 이유는 그분만이 스미스 부인을 구원할 수 있기 때문이다. 그 사실을 정확하게 전달하지 못한다면 그것은 주님을 가공의 비현실적 존재나 도덕적 개념으로 전락시키는 것이며 그 어느 것도 스미스 부인에게는 아무런 도움도 되지 못한다. 우리가 예수님의 화신이 되어야 한다는 가르침이나 표면적 신앙 체험을 강조하는 말에 현혹되지 말아야 한다. 하나님 아버지가 이미 성령을 마리아에게 보내셨다. 당신이 예수님을 성육신시켜서 메시아가 되게 하려는 시도는 어리석기 짝이 없는 짓이다.

목사인 당신이 심방 때 예수님을 모셔가지 않았다는 사실을 진작 눈치 챘기를 바란다. 그분은 이미 스미스 부인과 함께하시며 성령의 능력으로 일하고 계신다. 그분의 실재하심이 당신에게 사역을 부여하는 것이다. 성령에 의한 그분의 임재와 역사가 당신의 사역을 가능하게 하는 것이지 그 반대가 아니다.

그렇다고 예수 그리스도가 심방에서 나름대로 역사하시는 막연한 영적 존재라거나 뒤에 숨어서 언급되지 않고 기껏해야 아주 간접적으로만 인식되는 그러한 암시적인 그리스도로 목회에 내재하신다는 의미는 아니다. 또는 그와 반대로 그리스도의 사역이 피부로 느낄 수 있는 경험적 차원의 영향력이라고 말하는 것도 아니다. 우리는 실제로 느낄 수 없는 것을 믿음으로 받아들여서 우리 자신을 하나님의 약속에 맡겨드려야 한다. 결국 목사인 당신이 해야 할 일은 예수 그리스도가 현재의 스미스 부인에게 어떤 분인지를 증언하고 당신의 심방 과정이 그 사실에 근거해서 진행되도록 하는 일이다. 물론 당신은 예수 그리스도가 현존하고 역사하며 통치하시는 분임을 믿어야 한다.

스미스 부인 집의 거실에서 지금 현재 예수 그리스도가 하시는 사역이 당신이 하는 사역의 기반이다. 좀 더 격식을 차려 이야기하자면 예수 그리스도의 사역이라는 실제성이 당신 사역을 가능케 하는 밑바탕이 되는 것이다. 그러한 실제성을 떠난다면, 즉 그리스도와의 연합을 통해 그분의 현재 생명을 공유하는 일이 없다면 당신에게 사역이란 없는 것이다. 예수님이 하신 말씀을 기억해 보라. "나를 떠나서는 너희가 아무 것도 할 수 없음이라"(요 15:5). 포도나무에 접목되지 않은 사역은 시들 수밖에 없다. 그런 사역들을 모아서 불태우는 것은 당연한 일 아니겠는가?

## 두 가지 사역의 실례

그럼 두 가지 사역의 실례를 들어 비교해 보도록 하겠다. 그 둘은 완전히 상반되는 형태를 갖고 있다. 먼저 독자들에게 일러두고 싶은 것은 첫 번째 사례가 불에 탈 재(고전 3:15 참조-역주)의 표본이 아니라 실제로 일어났던 사건에 근거했다는 점이다. 또한 첫 번째 사례는 일반적인 상황에서, 두 번째 사례는 교회라는 상황에서 일어난 것임도 아울러 밝히는 바이다.

어느 남학생이 내게 말하길, 여름 학기 기간에 임상목회 교육을 수강했는데 수업 첫 시간에 직장인들을 위한 사역을 과제로 받았다고 한다. 구체적으로는 한 병원에서 원목으로 일하는 것이었는데 당시 그 병원의 환자들은 모두가 무언가에 심한 압박감을 받고 있었다고 한다. 따라서 목사인 그가 해야 할 일은 사람들의 짓눌린 감정을 외부로 표출시켜 주고 그런 뒤에

십자가의 *목회* : 우리의 야심을 버리고 그리스도를 섬기는 법

그것을 극복할 수 있는 내적인 힘을 이끌어내는 것이었다. 그는 철저히 환자들의 처지와 입장에 서서 그들과 공감대를 형성하려고 노력했다. 그의 사역이란 결국 환자들 속에 내재한 치유의 가능성을 끌어내는 것이었다. 하나님에 대한 이야기를 한다든지 환자의 상황에 맞는 신학적 권면은 그가 해야 할 사역이 아니었다.

내가 추천하는 두 번째 사역 모델은 신학 교육과 영성 훈련으로 형성된 깊이 있는 목회적이며 기독론적 의식이 목회에서 필요한 1차적 기술이라는 점이다. 다시 말해 그리스도 안에서 머리와 심장을 갖고 살아가는 삶이 우리에게 필요한 전부라는 것이다. 우리는 스미스 부인을 알고, 예수 그리스도를 알고, 무엇보다 예수 그리스도가 현재 일하시는 주님이시라는 사실과 우리가 그분과 연합하여 그분의 삶과 사역에 동참하고 있다는 사실을 안다. 이 세 가지의 앎이 우리 안에 내재되어 있으므로 사역자인 우리가 하는 일은 하나님의 은혜 안에서 신학적 돌봄의 행위가 되는 것이다. 우리는 성령의 임재 가운데 예수 그리스도로서 일하시는 하나님의 증인이 된다.

## 기독론의 무지에서 오는 소극성

예수 그리스도가 어떤 분인지, 그분이 무엇을 하시는지에 대해 우리는 너무 무지할 때가 많다. 최근의 목회 신학을 비롯해 실제 목회 현장에서 일어나는 안타까운 비극은 사실상 그리스도를 모르는 무지와 그에 따른 소극성에서 말미암는 문제다. 우리가 증언하는 살아 계신 주님을 직접 대면한다는 사실이 기독교 신앙과 사역의 핵심임을 우리는 망각하고 있다. 이제는 그런 무지와 망각에서 벗어나야 한다. '내가 하고 있는 특정한 사역 현장에서 바로 오늘, 여기, 이 순간에 성육신한 세상의 구세주는 누구시며 무엇을 하고 계신가?'라는 질문에 정확한 신학적 답변과 견해를 갖추어야 한다. 사역의 심장은 예수님 안에서, 예수님을 통해서, 예수님으로서 우리를 만나 주시는 하나님이다. 즉 성령을 매개체로 한 예수님의 임재가 모든 기독교 사역의 기반인 것이다.

누가 성육신한 세상의 구세주인가? 이것은 신학적인 질문이 아니다. 주님과 만난다는 것은 단순한 체험적 논거가 아니다. 다메섹 도상에서 부활하신 주님을 만난 사울은 단지 호기심을 충족시키려고 '누구'라는 질문을 던진 것이 아니었다(행 9:5). 눈부시게 쏟아져 내리는 빛 속에서 주의 음성이 들릴 때 사울의 존재는 밑바닥부터 흔들리고 있었다. 우리가 사울과 함께 "주여 뉘시오니이까?"라고 물을 때 그 질문은 우리에게 자신을 드러낸 이 하나님이 누구인지, 나사렛 예수 안에서, 나사렛 예수를 통해서, 나사렛 예수로서 우리와 인격적 관계를 맺는 이 하나님이 누구인지를 더 확실하게 알기 위한 진솔한 노력인 것이다. 그것은 믿음의 질문이지 불신의 질문이 아니다. 아울러 그것은 그리스도 안에서 하는 질문이지 그리스도와 동떨어진 질문이 아니다.

## 네 가지 핵심적인 사건

'성육신한 세상의 구세주가 누구인가?'라는 질문을 더 깊이 탐색하기 위해 기독교 신앙의 핵심이 되는 네 가지 신비로운 사건들을 하나씩 살펴보고자 한다. 그 네 가지 사건이란 성육신(속죄를 포함한), 부활, 승천, 오순절 성령강림이다. 성탄절에서 시작해 성금요일, 부활절 아침, 승천일, 오순절로 이어

십자가의 *목회* :우리의 야심을 버리고 그리스도를 섬기는 법

지는 예수님의 생애를 생각하면 예수 그리스도라는 주제에 빛이 비쳐 우리 시야가 환히 열리게 된다. 교회와 기독교 신앙은 이 사건들의 진리와 실제성에 운명을 걸고 있다.

**성육신**　　　먼저 하나님이 인간이 되신 성육신 사건부터 간단히 살펴보자. 성육신은 하나님의 하향적 움직임이다. 하나님이기를 그만 둔 것이 아니면서도 특정한 한 인간으로 자신이 창조한 피조물의 일부가 됨으로써 하나님은 인류 역사에 들어오셨다. 이 사건 안에서 믿음은 영원한 하나님과 연결되고 구원이라는 속성이 그 사건으로 인해 가능해졌다. 성육신 사건은 요한복음의 경이로운 한 마디 말로 요약될 수 있다. "말씀이 육신이 되어"(요 1:14). 하나님은 바로 예수라는 사람이 되는 방식을 사용해서 인류를 구원하셨다. 이 엄청나게 놀라운 사실이 기독교 신앙에서 주장하는 진리다. 우리는 이 사건의 독창성과 인류를 향한 보편성에서 한 발짝도 물러나지 말아야 한다.

예수 그리스도라는 남자는 하나님이자 하나님의 아들이었고 구원자이자 주였다. 말씀이 육신이 되지 않았다면 예수는 존재하지 않았을 것이다. 성육신한 세상의 구세주는 진정한 인간이었다. 그는 우리 뼈 중의 뼈였고 우리 살 중의 살이었으며 여자에게서 태어났고 율법 아래에서 태어났다. 360년경에 성 아타나시우스는 육신이 되신 하나님이 빚어낸 결과는 '예수라는 하나님'이었다고 말했다.

인류를 대속하기 위해 성육신했던 예수 그리스도의 삶이 얼마나 큰 의미를 지니고 있는지를 우리는 반드시 명심해야 한다. 예수 그리스도 자신이 우리의 구원이다. 그분이 우리를 위해 하신 일만이 아니라 신인(神人) 합일체로서 그분이 우리에게 어떤 존재인가 하는 것도 우리의 구원을 이룬다. 성육신 자체가 우리를 구원하는 것은 아니다. 성육신한 말씀으로서 예수 그리스도는 우리를 위해 기능적이 아닌 인격적으로 일하신다. 그분의 성육신한 삶, 즉 인간과 하나님으로서의 삶 속에서 인류를 향한 대속의 역사가 일어난 것이다.

성부와 성자의 관계는 극도로 이성화된 대속의 형벌 이론이 말해 주듯 형식적이고 도덕적이며 심판을 위한 관계에 국한하거나 그것에 묶여 있는 것이 아니다. 오히려 대단히 개인적이며 존재론적인 관계로 확대해서 생각해야 한다. 결국 구원을 베푸는 분은 인간 예수님으로서의 하나님이다. 이 구원이 인류가 처한 상황의 심원을 관통한다. 대속은 하나님이 우리의 인간성을 건드리지 않고 이룩하신 표면적인 역사가 아니다. 우리를 위해 우리 인간성의 깊은 곳에서 이룩하신 하나님의 독자적인 행위인 것이다. 그로 인해 우리는 용서를 받았을 뿐 아니라 새로운 사람으로 거듭났다. 그리하여 성령의 능력으로 함께하시는 예수 그리스도를 통해 성부와 친교를 나눌 수 있게 되었다. 우리가 받은 치료는 밖으로부터 안으로, 그리고 안으로부터 밖으로 이루어진 온전한 치료였다.

지금까지 한 어떤 말도 십자가가 지니는 의의를 겉돌지 않는다. 갈보리 사건은 우리 인간이 하나님께 외면당한 끔찍한 결과를 최대한 적나라하게 보여 주는 것이다. 결국 내가 말하고자 하는 요점은 (1) 대속의 역사가 인간 예수님 안에서 이루어졌고 (2) 그리스도의 삶과 죽음은 우리의 생각 속에서 개인적으로 아주 밀접하게 연결되어 있어야 하며 그분의 정체성에서 동떨

십자가의 **목회** :우리의 야심을 버리고 그리스도를 섬기는 법

어지면 안 된다는 사실이다.

**부활**  부활이라는 측면에서 예수님의 개인적 정체성을 이해하는 것도 매우 중요한 일이다. 가장 근원적이고 기본적인 사실은 죽었던 예수님이 살아나셨고 성부 하나님의 능력에 의해 인간으로서 다시 살아나셨다는 것이다. 인간이 죄로 인해 하나님과 분리된 결과를 예수님이 대신 짊어지셨고 따라서 예수님에 의해 그 결과는 사라졌다. 여기에서 우리는 하나님의 거룩하심과 하나님의 사랑이라는 이해불능의 신비로운 상호관계에 맞닥뜨리게 된다. 우리는 결코 구원론의 어느 극단으로도 치우치지 말고 그 자체의 신비로운 사실을 믿으며 살아가야 한다. 예수님이 살아나셨다! 십자가 처형은 예수님의 사역을 끝내지 못했다. 부활은 그리스도 안에서 우리를 위한 미래가 있음을 의미한다. 예수님에게 일어난 일이 그분 안에 있는 모든 사람들에게 일어날 것이기 때문이다. "주여 뉘시오니이까?"라고 물은 뒤에는 "그가 살아나셨다"라고 답해야 한다(막 16:6).

부활하신 예수님은 혼령이 아니다. 육신으로 다시 살아나신 것이다. 따라서 우리의 육신을 포함한 모든 피조물에게는 이제 희망이 생겼다. 하나님은 우리의 육신을 버리지 않으셨다. 그랬다면 우리의 육신은 영혼만큼 소중하지 않고 불결한 것으로 취급당했을 것이다. 우리는 육신을 지닌 충만한 인간으로서 구원받았다.

**승천**  이제 우리가 자주 잊고 지내는 승천이라는 주제를 들여다볼 차례다. 이것은 예수님의 상향적 움직임이며 살아난 인간 주님이 영원으로 돌아가 그분의 사역을 계속함을 의미한다. 예배나 목회에서 예수님의 승천을 도외시하면 사역에 치명타를 입는다.

예수님의 사역은 부활과 함께 끝난 것이 아니다. 주님은 승천을 하신 뒤에도 그분의 인간성을 버리지 않으셨다. 성육신과 부활 사이에 일어났던 모든 일과 완전히 단절되어 오로지 승천한 주님으로만 살아가시는 것이 아니다. 루이지애나 주 배턴 루지에 있는 제일장로교회(First Presbyterian Church)에서 게릿 도슨(Gerrit Dawson) 목사가 했던 현명한 말을 빌리자면 예수님의 승천으로 말미암아 그분이 과거에 했던 성육신의 사역은 모든 세대 사람들 속에 임재하는 성령을 통한 사역이 되었다고 할 수 있다. 과거에 이 세상에서 하셨던 예수님의 특정한 사역이 이제는 현존하는 보편적 사역이 되었다는 말이다.

승천이 없었다면 예수님의 생애는 과거 일로 남았을 것이다. 우리를 위해 죽으셨던 분이 다시 살아났다는 사실을 믿는 것만으로는 충분치 못하다. 지금 현재도 능력으로 다스리셔야 하고 사역 가운데 함께하셔야만 한다. 예수님은 승천하심으로 인해 이 세상에 계실 때 했던 사역을 계속해서 하실 수 있는 것이다. 그런 면에서 생각하면 우리도 예수님의 제자들 못지않게 복 받은 사람들이다. 제자들과 함께하셨던 주님이 지금도 영으로 우리와 함께하시지 않는가! 그렇기 때문에 승천의 교리를 경시하면 사역에 치명적이라고 말했던 것이다. 예수님이 지금 현재 우리와 함께하며 일하시고 다스리시는 주가 아니라면 모든 것이 우리에게 달려 있다고 말할 수밖에 없다. 우리는 그분을 흉내내어 메시아가 되려 할 것이고 그것은 우리의 능력을 넘어서는, 온 힘을 다해 쥐어짜내도 능력의 한계를 벗어나는 일이

**십자가의 *목회* : 우리의 야심을 버리고 그리스도를 섬기는 법**

되고 말 것이다.

예수님이 승천한 뒤에 하시는 사역은 이 세상에 계실 때 하셨던 사역과 다르다거나 전혀 새로운 것이 아니다. 그분이 이 세상에서 도와주셨던 사람들과 영적으로도 함께하셨듯이 현재 승천한 주님도 성령을 통해 영적으로 우리와 함께하신다. 그분은 같은 주님이고 같은 영적인 존재(현재 그분의 육신은 여기에 없다)이며 같은 사역을 하신다. 즉 그 사역의 핵심은 인간이 하나님과 친교를 맺도록 회복시키는 것이다. 그럼, 그분의 사역을 어떻게 정리할 수 있을까?

첫째, 예수님은 언제나 우리에게 성부를 계시하셔서 그분 안에서, 그리고 그분을 통해 우리가 하나님 앞에서 거룩하고 흠 없는 자가 되게 하신다 (엡 1:4).

둘째, 예수님은 계속해서 우리를 위해 기도하고 계신다.

셋째, 예수님은 우리와 함께하기 위해 성령을 보내 주신다.

넷째, 성령을 보내 주심으로 인해 하나님이 주도한 구원의 드라마는 완성되었고 교회 사역의 토대가 세워졌다.


**오순절** 　　　성부 하나님이 성자 하나님을 통해 우리에게 성령을 보내신 이유는 크게 두 가지로 볼 수 있다. 첫째로는 주님이 우리와 함께하시기 위해 선택한 방식이 그것이었기 때문이고, 둘째로는 우리가 현존하고 일하시며 다스리시는 예수 그리스도와 하나되어 그분의 정체성과 사역을 공유하고 교회의 사역을 감당하기 위한 방편으로서 보내 주신 것이다. 이와 같은 신학적 논리는 그리스도와의 연합이라는 교리에 함축되어 있으며 교회에서 하는 모든 사역의 중요 발판이 된다.

## 그리스도의 현재 사역

지금까지 살펴본 내용들을 마무리하는 의미에서 책 한 권을 추천하고 싶다. 25년 간 신학교에서 가르치는 동안 내게 가장 많은 영향력을 끼친 책은 제임스 B. 토렌스 교수가 쓴 「예배, 공동체, 은혜의 성삼위(*Worship, Community, and the Triune God of Grace*)」(InterVarsity Press, 1997)였다. 작고한 토렌스 교수는 스코틀랜드 출신의 신학자였고 '누구'라는 질문의 중요성을 이야기할 때 언급했던 사람이다. 이 책은 예배에 있어 성삼위에 대한 이해를 촉구하는 책이지만 그 요지는 다른 영역에도 확대해서 적용할 수 있다. 그리스도의 연합으로 우리는 그분의 현재 사역을 공유하게 되었다. 그렇다면 그 사역이 무엇이란 말인가?

토렌스 교수에 따르면 그리스도와의 연합을 통해 우리가 성부 성자 간의 친교를 공유하게 되고 다른 사람들을 성부와의 친교로 이끌라는 하나님의 사명도 공유하게 된다는 것이다. 그리스도 안에서 살아가는 삶은 예배와 사역이라는 두 가지 결과를 낳는다. 그리스도인이라면 마땅히 그래야만 한다. 기독교 신앙의 핵심적 실천 신학이 바로 그것인 까닭이다.

그렇다면 성육신한 세상의 구세주는 누구인가? 그분은 현존하고 일하시며 다스리시는 주님이다. 그분의 이름은 예수이고 칭호는 메시아와 그리스도다. 그분은 곧 성탄절, 성 금요일, 부활절, 오순절의 주님이시다.

## 사역은 예수님께 달렸다

나는 예수 그리스도의 현재 사역에 큰 짐을 맡겨 드렸다. 실제로 나는 예수님에게 사역이라는 짐을 하나도 남김없이 모조리 맡겨 드리고 싶다. 우리가 하는 사역에는 아무런 희망도 없어 보이기 때문이다.

기독교 신앙에서 예수님에 관한 의미 있는 질문들은 모두 현재진행형이다. '주님, 당신은 누구십니까?' '당신은 무엇을 하고 계십니까?' 만약 질문이 과거형이 된다면 예수님은 현 시대적 상황에 그다지 적합하지 않은 골동품상의 호기심 대상 정도로 전락해야 한다. 오늘날 우리가 예수 그리스도의 사역을 하기 위해서는 성경에 증거된 그분의 과거 사역을 먼저 알고 있어야 한다. 그분은 "어제나 오늘이나 영원토록 동일"하신 분이기 때문이다(히 13:8). 과거 성육신한 그분이 어떤 분이었고 무엇을 하셨는가를 아는 것은 현재 그분의 성품과 사역을 가늠할 수 있는 잣대가 된다. 그 잣대는 하나님이 우리에게 주신 것이다.

예수님의 성품과 사역에 대한 지식은(현재의 사역에 대한 지식이라 할지라도) 불가사의한 직관에 의해 얻어진 지식이 아니다. 그것은 육신으로 이 세상에 오신 예수님에 대한 지식이다.

## 성삼위 하나님의 사역

우리의 초점은 성삼위 하나님의 사역에 맞추어져야 한다. 하나님은 마리아의 아들이었던 예수의 사역 안에서, 예수의 사역을 통해, 예수의 사역으로서 우리에게 성삼위의 존재를 알게 해 주셨다. 그 사실은 사도 바울의 축도에 잘 나타나 있다. "주 예수 그리스도의 은혜와 하나님의 사랑과 성령의 교통하심이 너희 무리와 함께 있을지어다"(고후 13:13).

**주 예수 그리스도의 은혜**　　　'은혜, 사랑, 하나님' 같은 용어들은 우리가 그 뜻을 잘 안다고 넘겨짚기 때문에 사실은 더 이해하기가 어려운 말이다. 디트리히 본회퍼는 말하길 예수 그리스도와 동떨어진 은혜는 전혀 은혜가 아니라고 했다. 그 이유는 은혜가 예수 그리스도이고 예수 그리스도가 은혜이기 때문이라는 것이다. 따라서 예수 그리스도와 동떨어진 은혜는 값싼 은혜이고 추상적인 관념이나 원론에 불과할 뿐이라고 말했다. 복음의 실재(實在)에 굳건하게 닻을 내리지 않은 은혜는 실재에서 벗어난 표류하는 은혜가 되고 만다. 예수 그리스도는 하나님의 실재이다. 그분 안에는 "신성의 모든 충만이 육체로 거하시고"(골 2:9) 있기 때문이다.

주 예수 그리스도의 은혜는 곧 하나님의 은혜이다. 성령 안에서 성자를 통해 성부로부터 오는 은혜이기에 그 은혜는 성삼위의 존재나 사역과 별개의 것이 아니다. 은혜란 하나님의 전부와 복음의 전 내용을 모두 의미한다. 주 예수 그리스도의 은혜는 인간이 되신 예수 안에서, 인간이 되신 예수를 통해서, 인간이 되신 예수로서 구원을 베푸시는 하나님의 사명을 말한다.

은혜가 예수님을 의미한다는 면에서 은혜는 곧 예수님이다. 예수님은 우리와 함께하시는 임마누엘 하나님이다. 그뿐만이 아니라 그분의 이름도 그분이 누구인가를 말해 준다. '예수아'라는 이름의 뜻은 '야훼-구원자', 즉 "자기 백성을 죄에서 구원할 자"이다(마 1:21). 성육신이 직접적으로 의미하는 것은 대속이기에 성육신이 없이는 대속도 없다. 대속이 없다면 하나님은 우리 가운데 오셔서 인간 예수 안에서, 인간 예수를 통해서, 인간 예수

　*십자가의 **목회** :우리의 야심을 버리고 그리스도를 섬기는 법*

로서 우리와 함께 거하지 않으셨을 것이다. 따라서 예수님은 '예수스 키리오스'(주 예수)로 숭배받으셔야 한다. 그런 고백이 없으면 은혜는 기독교적인 의미를 상실한다.

임마누엘로 이 세상에 오신 구원자 예수는 인간으로서 하나님의 의도대로 비범한 삶을 살아가셨다. 비록 "자기 백성이 영접하지 아니하였으나"(요 1:11) 그것은 하나님께 대한 사랑에서 비롯된 순종이었고 인류에 대한 사랑으로 말미암는 것이었다. 그분의 생애는 "은혜와 진리가 충만"한 삶이었다(요 1:14). 그러나 그분 삶의 방식과 성격이 그분을 죽음으로 몰아넣었다. 한편으로는 처참하고도 안타까운 죽음이었지만 다른 한편으로는 그분이 어떤 분인가라는 점 때문에, 그리고 셋째 날에 일어난 일 때문에 그분의 죽음은 구속적이었다. 즉 용서하고 구원하는 하나님의 역사였던 것이다. 부활이라는 렌즈로 볼 때 예수님의 삶과 죽음은 하나님의 행동하심이었고 따라서 구속력을 갖추고 있었다. 예수님이 세상의 주였으므로 그런 측면에서 생각한다면 하나님은 정말로 세상에 오셔서 육신이 되었고 인류가 처한 끔찍한 운명 한가운데 들어오셔서 하나님의 거룩한 심판 아래 죽음을 맞이하신 것이다.

예수님이 육신을 취하셨고 그분이 성취한 대속의 범위는 모든 것을 포함하고 있었으므로 인간과 피조물(인간 역시 피조물의 일부다)들에게는 미래가 있다. 그 미래는 전적으로 하나님의 역사하심에 달려 있다. 대속에는 과거와 미래가 들어 있고, 과거를 회고하며 미래를 내다보는 측면이 공존한다. 예수 그리스도는 인간을 용서하기 위해서만이 아니라 성부와의 관계를 회복시키기 위해 이 땅에 오셨다. 우리의 죄가 용서받은 것은 아직 온전한 대속이 아니다. 하나님과의 관계가 회복되고 새롭게 되어야만 온전한 대속이라고 할 수 있다. 하나님의 은혜는 새로운 일을 행한다. 그 은혜는 그리스도와 연합한 모든 사람에게 하나님의 왕국을 열어 주고 하나님과 친밀한 교류를 공유하게 해 준다.

은혜는 곧 다음과 같이 정리할 수 있다. (1) 구체적으로 예수 그리스도와 연결되어 있고 (2) 인간을 구원하는 하나님의 역사로서 인간의 죄를 용서하고 하나님과의 관계를 회복시킨다. 은혜는 본질적으로 신학적인 용어이며 하나님의 화해, 용서, 친교 회복을 위한 사랑을 의미한다. 사도 바울은 "하나님의 은혜의 복음"을 증언했던 사람이다(행 20:24). 은혜의 복음이라고 하는 이유는 예수 그리스도를 통해, 그리고 성령을 통해 자격 없는 인간에게 무상으로 베풀어 주신 하나님의 전능하고도 무조건적이며 일방적인 행위였기 때문이다. 은혜는 역사 속에서 하나님이 행하신 구속의 행위다. 즉 "택하심을 따라 되는 하나님의 뜻"(롬 9:11)이 나사렛 예수 안에서, 나사렛 예수를 통해서, 나사렛 예수로서 이루어진 것이다.

은혜는 우리를 수동적인 인간으로 남아 있지 못하게 한다. 은혜(카리스) 안에서 "은혜의 성령"(히 10:29)인 성령께서 각각의 그리스도인들에게 특정한 은사(카리스마)를 주시며 그 은사는 그리스도인의 섬김과 사역 안에서 감사함(유카리스티아)으로 드러나야 한다. 히브리서 12장 28절은 이렇게 말한다. "은혜를 받자 이로 말미암아 경건함과 두려움으로 하나님을 기쁘시게 섬길지니." 여기에서 '은혜를 받자'를 직역하면 '은혜를 갖자'라고 할 수 있다. 장 칼뱅은 히브리서 주석에서 이 구절의 직설법이 문장의 요점과 일치한다고 말했다. 즉 우리에게 주어진 은혜로 말미암아 하나님을 예배하고 섬기는

**십자가의 _목회_** : 우리의 야심을 버리고 그리스도를 섬기는 법

것이 가능하다는 뜻이다. 그리스도인들은 하나님이 주신 은혜의 선물로 힘을 얻으며 그에 대한 감사로 하나님을 섬기게 된다. 복음의 단기적 목표는 좋은 소식의 능력 안에서 기쁘고 열매 맺는 제자의 삶을 사는 것이다.

따라서 주 예수 그리스도의 은혜가 목회와 사역에 주는 의미는 크게 두 가지로 이야기할 수 있다. 첫째, 목회와 사역에 있어 최우선을 두어야 하는 것은 "당신은 용서받았습니다"라는 케리그마(전도와 선교를 의미함-역주)적 확언이다. 복음의 모든 움직임은 이 방향을 향해 나아간다. 둘째, 목회와 사역은 사람들이 하나님의 은혜를 깨닫도록 도와주어야 한다. 죄를 용서받은 은혜, 또한 그에 대한 보답으로 하나님과의 친교를 통한 제자의 삶을 살아갈 수 있는 은혜를 삶 속에서 발견하도록 이끌어야 한다.

목회와 사역을 빈민구제나 성도들의 온갖 개인 문제를 도와주는 일로 오인하는 경우가 많다. 그렇기 때문에 복음의 능력 안에서 기쁘고 열매 맺는 제자의 삶을 살도록 인도하는 것이 제외되어 버렸다. 불신자들이 하나님께 돌아오는 것을 보는 일이야말로 성도들이 기쁨으로 살아갈 수 있는 힘이다. 목회는 부정적인 상황만을 도와주지 말고 긍정적인 것의 산파 역할을 해야 한다. 우리는 "은혜 위에 은혜"(요 1:16)를 받은 자들이 아닌가! 죄가 아무리 넘쳐도 은혜는 그보다 더 넘쳐나는 법이다(롬 5:20). 요컨대 그리스도인의 삶에 속한 모든 것은 은혜에 기반을 두고 있다.

**하나님의 사랑**　　　　　"하나님이 세상을 이처럼 사랑하사"(요 3:16)라는 유명한 구절은 하나님 사역의 특성으로서 하나님의 성품과 목적을 잘 드러낸다고 할 수 있다. 하나님의 역사는 결국 하나님이라는 존재 자체에서 비롯되는 것이다. 왜냐하면 하나님은 '사랑'이시기 때문이다(요일 4:16).

우리를 향한 하나님의 사랑은 간헐적으로 베푸는 그분의 도덕적 덕목이 아니다. 사랑은 하나님이 갖고 계신 속성 중의 하나가 아니라 그분 자체다. 사랑은 성삼위의 관계에서, 그리고 우리와의 관계에서 그분이 어떤 분인가를 말해 준다. 예수 그리스도 안에서, 예수 그리스도를 통해서, 예수 그리스도로서 인류 역사 속에서 행하신 하나님의 일들이 성부, 성자, 성령이라는 성삼위의 친교를 통해 영원히 사랑하시는 하나님을 그대로 드러내 주고 있다. 신약성경의 토대를 이루고 있는 것은 성령과 성자와 성부가 굳건하고도 영원한 관계를 맺고 있다는 사실이다. 기독교 신앙을 이해할 때 중심 무대를 차지해야 할 것은 신약이 성부와 성자 간의 관계를 그 핵심으로 삼고 있다는 점이다. 그리스도인의 믿음과 삶은 바로 그 관계에서 모든 것이 비롯되어야 한다.

성부 성자의 관계는 '아가페'라는 말로 묘사할 수 있다. "아버지께서 창세 전부터 나를 사랑하시므로"(요 17:24)라는 말씀처럼 성부는 성자를 창세 전부터 사랑하셨다. 예수 그리스도는 하나님의 아들로서 하나님의 아버지됨과 그리스도의 자식됨이 하나님의 영원한 존재에 속했음을 보여 주셨다. 성부 하나님과 성자 하나님 간의 관계는 분리될 수 없는 관계다. 성자만이 성부를 해석할 능력이 있다. "본래 하나님을 본 사람이 없으되 아버지 품 속에 있는 독생하신 하나님이 나타내셨느니라"(요 1:18). 성부는 성자를 사랑하셨고(요 5:20) 성부께서 성자를 아시는 것처럼 성자도 성부를 아셨다(요 10:15). 사실상 성부와 성자는 하나이셨다(요 10:30). 그러므로 예수 그리스도를 본 사람은 하나님 아버지를 본 것과 다름없는 것이다(요 14:9).

성부와 성자와 성령의 연합에서 흘러나오는 사랑이 성삼위의 친교 속에서 하나님이 사랑의 하나님임을 증언한다. 하나님은 사랑하시며 동시에 사랑을 받으신다. 하나님의 사랑은 그리스도인이 하나님 안에서 자신감을 가질 수 있는 기반이다. 그 어느 것도 "우리를 우리 주 그리스도 예수 안에 있는 하나님의 사랑에서 끊을 수 없으리라"(롬 8:39)고 하시지 않았는가!

예수님의 사역은 하나님 사랑의 실현이다. 재미있는 사실은 공관복음서들 중에 하나님 사랑을 언급한 곳이 한 구절밖에 없다는 점이다(눅 11:42). 그럼에도 불구하고 복음서에는 예수 그리스도 안에 있는 하나님의 자비와 긍휼을 보여 주는 이야기들로 가득하다. 예수님은 병자들을 고쳐 주셨고, 회당과 사회에서 쫓겨난 자들의 친구가 되어 주셨고, 빈민들과 하나되셨고, 죄인들을 위해 자신의 목숨을 버리셨다. 그분은 자신의 가르침대로 살아가신 분이었다. 주님이 그들을 사랑하셨기에 하나님도 능력과 권위로 그들을 사랑하셔서 하나님의 가족이 되게 하셨다.

예수 그리스도 안에 있는 하나님의 사랑에는 다른 목적의 어떤 음흉한 속셈도 도사리고 있지 않다. 어느 날 갑자기 마음이 변해서 사랑이 아니라 벌을 내리는 일은 발생하지 않는다. 심지어 우리가 하나님의 심판 아래 있다고 해도 그 심판은 예수 그리스도 안에 있는 우리를 향한 하나님의 사랑을 통한 심판이 되는 것이다. 그리스도가 우리의 심판관인데 감히 누가 우리를 정죄하겠는가? 그리스도인이 예수님과 연합할 때 성부가 성자를 사랑하는 그 사랑을 그리스도인들도 누릴 수 있게 된다. 그것은 인간이 갖고 있는 자연적인 능력으로는 불가능한 사랑이며 전적으로 참 포도나무인 그리스도께 붙어 있어야만 가능한 사랑이다(요 15:1-11). 그것은 우리의 인간적 사랑이 아닌 이질적인 사랑, 오로지 예수 그리스도와의 관계로 인해서만 맺어지는 열매인 까닭이다.

그리스도인의 삶과 성장을 한 마디로 요약한 것이 요한복음 15장 9절의 명령형 직설법 문장이다. "아버지께서 나를 사랑하신 것 같이 나도 너희를 사랑하였으니 나의 사랑 안에 거하라." 하나님의 사랑으로 하는 사역은 그리스도와의 연합을 통해서 은혜 아래 행할 뿐 아니라 성부, 성자, 성령에게서 영원히 흘러나오는 사랑 안에서 행하는 사역이다. 우리는 은혜로 구원받았고 하나님의 사랑을 위해 구원받았다.

하나님의 사랑에 거한다는 말은 예수님이 우리를 사랑하신 것같이 서로를 사랑하라는 명령에 순종하는 것과 직접적으로 연결되어 있다(요 15:12). 사랑이란 감정의 차원을 뛰어넘는 의지와 순종의 행위인 것이다. 사랑을 할 수 있는 유일한 기반은 그리스도와의 연합으로 인해 맺어지는 열매다. 우리가 사랑하라는 명령을 받은 이유는 예수님이 우리를 선택해서 열매를 맺으라는 사명을 주셨기 때문이며(요 15:16) 그분의 열매를 우리도 공유하기 때문이다.

**성령의 교통하심** 　　　주 예수 그리스도의 은혜와 하나님의 사랑은 필연적으로 성령의 교통하심이라는 놀라운 결과로 이어진다. 지금까지 하나님의 사역에 관해 이야기된 모든 것들은 성령 안에서 우리의 것이 되고 그리스도인으로서의 삶을 살아가는 원동력이 된다.

성령은 우리에게 보내 주신 하나님의 영이다. 예수 그리스도와의 관계를 통한 하나님과의 친교는 성령으로 말미암아 이루어진다. 성령의 역사는 곧

*십자가의 **목회** :우리의 야심을 버리고 그리스도를 섬기는 법*

예수님이 결부된 역사다. 아울러 하나님을 영화롭게 하고, 성도에게 능력을 주고, 교회와 복음화를 가능하게 하는 역사다. 성령이 우리를 예수님과 하나되게 하시기 때문에 우리는 그 성령과 하나되어(제임스 토렌스의 공식을 사용하자면) 성부로부터 오는 사명을 감당하고 성부와 성자의 친교를 공유하게 된다. 성령은 교회가 그리스도와의 연합을 통해 예배와 사역의 공동체가 되도록 하신다.

우리가 하나님 아버지와 나누는 친교는 성령의 인도를 통한 그리스도와의 연합으로 인해 가능한 것이다. 결과적으로 그것은 성도들 간의 친교라고도 할 수 있다. 왜냐하면 우리는 그리스도의 몸인 교회를 섬기는 사람들이기 때문이다. 그런 연유로 우리는 '성령 안'에서의 친교라고 하지 않고 '성령의' 친교라고 말한다. 그 의미는 그리스도 안에서, 그리스도와 함께 나누는 친교라는 뜻이다.

예로부터 기독교에서 성령의 교통하심을 말할 때 그것은 예수 그리스도와 성령을 통한 연합을 의미했다. 그리스도와의 연합은 예수님의 본보기를 따르려고 노력하는 단순한 모방이 아니다. 그보다 훨씬 더 심오하게 성령과의 결속을 통한 그리스도의 의로움, 거룩함, 사명에 동참하는 삶을 뜻한다. 우리의 인격과 신앙의 성숙은 대단한 경건함이나 도덕성, 노력, 영성으로 달성되는 것이 아니다. 오로지 하나님이 이끌어 주셔야만 달성되는 것이다.

하나님으로부터 용서를 받았듯이 우리가 성숙하는 것도 하나님으로 말미암는다. 성령을 통해 그리스도 안에 계신 하나님이 우리에게 필요한 것을 공급하신다. 그리스도로 인해 우리는 거룩해진다(고전 1:30). 칼뱅이 "신비로운 연합"(「기독교 강요」 중에서)이라고 부른 성령을 통한 하나님의 일방적인 역사로 인해 우리는 그리스도와 하나가 된다. 성령과의 결속에 의해 우리는 주님과 하나되고 그분의 생명을 공유한다. 칼뱅이 말한 "신비로운 연합"은 바울이 사용한 "그리스도 예수 안에서"라는 표현과 평행선을 달린다. 즉 성령을 통해 하나님이 우리를 구원하시고 그리스도에게 접붙이신다는 뜻이다.

성령을 통한 그리스도와의 연합으로 빚어진 결과는 우리가 성부 성자의 친교를 공유하게 되는 것이다. 그 친교는 원래 성자였던 그리스도의 차지였지만 입양의 은혜를 통해 우리도 그 친교를 누릴 수 있게 되었다. 바로 그 사실이 그리스도인의 예배와 기도의 중심인 것이다. 그리스도와의 연합을 통해 그분께서 성부와 누리셨던 사랑을 우리도 누릴 수 있게 되었다. 그 사실을 단적으로 표현한 성경말씀이 요한일서 1장 3절이다. "우리가 보고 들은 바를 너희에게도 전함은 너희로 우리와 사귐이 있게 하려 함이니 우리의 사귐은 아버지와 그의 아들 예수 그리스도와 더불어 누림이라."

성삼위의 사랑을 공유한다는 사실은 그리스도인의 신앙과 삶의 중심축이며, 그로부터 우리의 사역은 자연스럽게 이루어져야 한다. 그것은 또한 그리스도인들 간의 친교를 의미하기도 한다. 교회가 믿음의 공동체가 되지 못하면서 그리스도를 우리 구세주라고, 하나님을 우리 아버지라고 말할 수 없다. 성령의 교통하심은 곧 그리스도 몸의 교통이 되는 것이고 세상을 위해 성부로부터 받은 그리스도의 사명을 공유함이 되는 것이다. 그리스도의 친교에 속했다는 얘기는 그분의 사역을 공유한다는 뜻도 된다.

"사랑 가운데서 뿌리가 박히고 터가 굳어져서"(엡 3:17), "범사에 그에게까

십자가의 **목회** :우리의 야심을 버리고 그리스도를 섬기는 법

지 자랄지라 그는 머리니 곧 그리스도라"(엡 4:15). 그로써 우리는 하나님으로부터 말미암은 그리스도의 사역을 함께하게 된다. 경건함과 행동은 밀접한 연관성을 갖고 있으므로 기독교의 제자도는 철저하게, 그리고 광범위하게 하나님과의 친교라는 차원에서 이해되어야 한다. 아울러 세상에서 하나님을 섬기는 차원에서도 이해할 필요가 있다. 성령과의 결속을 통해 그리스도와 하나된 교회는 예배와 섬김이라는 두 가지 의무를 토대로 움직인다. 교인들이 목사의 봉급을 지불한다 해도 목사를 좌지우지하는 분은 하나님이다.

부활절과 승천절의 복음을 갖고 있는 교회는 그리스도와 하나되었으므로 마땅히 그분의 사명도 함께 갖고 있다. 교회는 그리스도와 하나되었으므로 스스로가 아닌 더 높은 곳에서 사명을 받는다. 교회가 세상의 필요를 분석해서 자체적으로 사역 계획을 세우는 것이 아니라 예수 그리스도가 세상에 파송을 받으셨듯이 그분이 교회를 파송한다. 성령의 능력과 그분과의 연합 안에서 주님은 교회를 세상에 파송하신다. 예수님이 성부로부터 파송을 받아 성육신하여 대속의 사역을 완수하신 것처럼 말이다.

# 3장

# 십자가에 달린 목회
### – 우리를 대신하시는 그리스도

우리는 예수 그리스도를 중개하지 않는다. 우리가 그분을 영향력 있고, 현시대에 들어맞고, 실제적인 존재로 만드는 것이 아니다. 죽은 자를 살리고, 병든 자를 고치고, 죄인을 용서하는 것 역시 우리의 소관이 아니다. 충성된 사역이란 그렇게 굉장하고 대단한 것이 아니다.

우리가 해야 할 복음 사역이 목회와 설교 도구 가방들 속에 예수님을 모시고 다니는 것으로 생각한다면, 그래서 우리 생각에 적당하다고 여겨지는 여기저기에 그분을 나눠 드리는 것으로 생각한다면 우리는 복음 사역의 걸림돌에 지나지 않는다. 복음의 사역자인 우리 목사들은 요술봉을 흔들며 모자 속에서 예수님을 끄집어내는 교회의 마법사가 아니다.

다시 한 번 강조하겠다. 우리의 사역은 구속력이 없다. 오직 그리스도의 사역만이 구속력이 있다. 만일 우리가 자기 사역에만 초점을 맞추면서 그분 사역의 걸림돌이 된다면 마땅히 치워져야 하고, '내 사역'이라는 심각한 자기망상에 빠져 있다면 그 사역은 당연히 십자가에 처형되어야 한다.

## 2인극

나는 사역에 대한 이해도를 높이고 요점을 설명하기 위해 수업 도중에 '2인극' 형식을 적극 활용한다. 먼저 한 학생을 지목해서 강의실 앞으로 나오라고 한다. 보통은 키가 크고 체격이 우람한 남학생을 뽑는다. 가령 보브라는 남학생이 뽑혔다고 가정해 보자. 나는 보브를 학생들 앞에 나오라고 한 뒤에 무릎을 꿇고 위를 쳐다보며 손을 높이 들고서 기도하는 자세를 취하라고 말한다. 그런 다음 이런 설명을 덧붙인다. "보브는 하나님이 주신 소명을 따르려는 독실한 그리스도인입니다. 그는 신학교에 들어가서 성공적으로 목회 과정을 이수한 뒤에 목사 안수를 받고 팀북투(Timbuktu) 교회의 목사로 일하게 되었습니다. 초기의 험난한 시절을 무사히 넘기고 난 그는 몇 가지 현실적인 문제를 깨닫게 되었습니다. 그것은 기도하고 성경공부하기가 정말로 힘들다는 사실이었습니다. 좋은 신학서적을 읽은 것이 언제인지도 모를 지경이 되어버렸습니다. 그는 언제나 바빴고 항상 피곤했습니다. 참으로 목회와 연관 있다고 생각하는 일들에 힘을 쏟지 못하고 행정이나 기획과 같은 일에 시간을 빼앗기기 일쑤였습니다. 진짜 목회자가 해야 할 일들은 뒷전으로 밀려났습니다. 동료 교역자들이나 교인들과의 마찰은 그의 에너지를 소진시켰습니다. 설교를 잘하기 위해 그가 해야 할 준비 과정도 만만치 않았습니다. 결론적으로 보브는 더 이상 목회가 재미있지 않았습니다. 자신의 소명에서 기대했던 기쁨과 성취감은 거의 맛볼 수 없었고 오로지 하루하루가 힘겹고 고달프기만 했습니다."

## 힘껏 밀어 넘어뜨리기

여기까지 이야기를 한 뒤에 나는 보브 옆으로 다가가서 있는 힘껏 그의 몸을 밀어서 강의실 구석까지 굴러가게 만든다. 내가 그를 민 행위가 바로 사역의 십자가 처형이라고 부른 해고를 의미한다. 그런 다음, 내가 예수님이되어 그의 자리에 서서 이렇게 말한다. "네가 아니라 내가 사역을 한다. 사람들을 구원하고, 치유하고, 소망과 축복을 주고, 용서하고, 새 인생의 약속을 주는 사람은 나다." 이 말은 갈라디아서 2장 20절의 "내가 사는 것이아니요 오직 내 안에 그리스도께서 사시는 것이라"는 말씀을 복음서 식으로 풀어서 이야기한 것이다. 나는 보브에게 예수님을 대신해 이렇게 말한다. "나는 성령을 보내어 네가 나의 사역을 공유하도록 하겠다." 그러고 나서 보브에게 내 뒤로 와서 서라고 한 뒤 그의 두 손을 내 양 어깨에 얹고 내게 기대어 쉬라고 한다. 사역은 그를 대신해 예수님이 하시는 것이니까. 이제 사역의 주된 일들은 더 이상 보브에게 달려 있는 것이 아니다. 사실은 처음부터 그랬다. 보브는 예수님 뒤에 꼭 붙어서 그분의 말 타기를 함께 즐기면 되는 것이었다.

보브는 이제 해고를 감수해야 한다. 그는 십자가에 못박혔다. 우리의 사역에 구속력이 없다는 것은 좋은 소식인 동시에 듣는 우리에게 받아들이기힘든 소식이기도 하다. 오직 그리스도의 사역만이 구속력이 있고 성령에의해 우리는 그분의 일에 동참할 뿐이다. 사역에서의 해고는 곧 사역의 메타노이아(사역에 있어 새로운 마음가짐을 갖는다는 뜻)다. 우리는 예수님의 사역을공유하기 위해 자신의 목회철학과 실제 사역을 재조정하게 된다.

만사에 예수님을 의지한다는 것이 무엇을 의미하는지를 보여 주기 위해 그에 대한 신학적 기반을 내리는 것이 본장을 쓴 목적이다. 예수님은 우리를 대신해 하나님 아버지께 믿음과 예배와 순종의 삶을 올려 드리고 성령 안에서 우리와 연합하여 그분의 자기헌신을 공유하게 하신다.

## 두 개의 망각된 교리

나와 보브가 했던 연극 안에는 대단히 중요한 두 가지 교리가 들어 있다. 그 교리는 역사적으로 교회들이 동의했던 신학적 기반과 권위에서 나온 것이지만 오늘날에는 사역의 무게와 기계적인 활동 속에 잊혀져가는 경향이 있다. 두 개의 교리란 그리스도의 대리 인간성과 대리 사역, 그리고 우리와 그리스도의 연합이다. 두 개의 교리 모두 사역에 대한 이해와 실제의 기본 틀을 마련해 주는 것이므로 실천 신학의 요체라고 할 수 있다.

본장에서는 특히 예수 그리스도의 사역이 하나님 아버지에 대한 순종과 사랑에서 비롯된다는 사실을 깊이 있게 탐구해 볼 것이다. 그리고 이어지는 장에서는 우리가 그분의 사역에 동참한다는 것이 무슨 의미인지를 이야기하겠다.

## 꽉 붙잡혀 있다

언젠가 나는 몇 교회의 교인들이 모인 대규모 여름 부흥회에서 초청강사로 설교를 한 적이 있었다. 당시 설교 본문은 빌립보서 3장 12절에 나오는 "오직 내가 그리스도 예수께 잡힌 바 된 그것을 잡으려고 달려가노라"였는데 나는 그 말씀을 토대로 해서 예수님이 우리의 영적인 목덜미를 붙잡고 계시기 때문에 우리가 앞에 있는 것을 잡으려고 계속 달려갈 수 있는 것이라

십자가의 **목회** : 우리의 야심을 버리고 그리스도를 섬기는 법

고 이야기했다. 특히, 나는 예수님이 우리를 붙잡고 계시다는 사실을 강조했다. 성경 원문에 나오는 헬라어 '카타람바노'(katalambano)가 바로 그렇게 꽉 '붙잡고 있다'라는 뜻을 전달하기 때문이었다.

그날은 모인 성도들이 상당히 많았기 때문에 설교가 끝나고 일일이 악수를 하며 인사를 나눌 형편이 되지 않았다. 그럼에도 불구하고 유독 한 성도가 사람들 사이를 헤집고 나를 찾아와서는 왜 내가 '인간의 결정'이라는 중요한 면을 가볍게 다루었는지 그 이유를 따져 물었다. "우리가 결심하지 않으면 구원받을 수 없는 것 아닙니까? 우리의 결심 말입니다. 예수님을 믿을지 안 믿을지 우리가 결정을 내려야 한다는 말입니다!" 그는 목에 핏대를 세우고 내게 삿대질까지 하며 따지고 들었다.

나는 침착해지려고 애를 쓰면서 그의 항변에 이렇게 대답했다. "맞습니다. 하나님의 말씀을 듣고 결정을 내려야 합니다. 그러나 좋은 소식은 예수님이 우리를 위해 그 결정을 해 주신다는 사실입니다. 예수님의 결정이 으뜸의 결정입니다. 하나님의 말씀이 으뜸의 말씀인 것처럼 말이죠. 그분은 우리가 하지 못할 일, 아니 우리 스스로 하지 않을 일을 우리 대신 해 주십니다. 타락으로 인해 우리는 그와 같은 영적 상태에 처해 있는 것입니다. 우리의 임무는 모든 것이 우리에게 달린 것처럼 우리 힘으로 '아멘'이라고 하는 것이 아닙니다. 그런 식으로 생각하게 되면 누구나 자만에 빠지기 쉽습니다. 우리가 할 일은 예수님께 '아멘'이라고 하는 것인데 그 아멘은 먼저 예수님이 우리를 위해 말씀하신 것이고 이제는 성령으로 우리 안에서 말씀하시는 것입니다. 그것은 갈라디아서 4장 6절의 "너희가 아들이므로 하나님이 그 아들의 영을 우리 마음 가운데 보내사 아빠 아버지라 부르게 하셨느니라"는 말씀에 비유할 수 있습니다. 우리가 의지할 것은 우리 자신의 결정이 아니라 우리를 위해 그분이 하시는 결정인 것입니다."

예상대로 그는 내 말에 순순히 수긍하지 않았다. 심지어 그 자리를 떠나면서 요즘의 신학교에서는 뭣도 모르는 신학자들이 이단 교리를 가르친다며 듣기 거북한 말까지 중얼거렸다. 그런 일을 겪고 나면 나는 한 동안 차안에서 운전대를 잡고 앉아 마음을 진정시키려고 애쓰면서 대체 이게 무슨 소동인가를 혼자 한탄하곤 한다.

## 우리의 힘으로는 불가능함

그 사람이 정말로 그를 위해 일하시고 자신의 이름으로 그를 하나님 앞에 인도하시는 살아 계시고 다스리시는 주님을 믿는 사람인지 아닌지 나는 확신이 가지 않는다. 하나님께 응답할 수 있는 능력도 실은 구원의 대상이라는 사실을 그는 전혀 믿으려 하지 않았다. 그는 자신의 힘으로 충분히 하나님께 응답할 수 있다고 확신했다. 하지만 실상 그는 복음주의 신앙이라는 기독론의 가면을 쓴 축소주의자에 불과했다. 우리가 하나님 앞에 회개하고 그 말씀에 순종하는 믿음의 응답은 그리스도가 우리를 붙잡고 계시고 성령이 인도함으로 말미암아 가능한 행위지 그리스도와 성령을 위한 전제조건이 아니다.

이 논란의 문제점이 정확히 무엇인지를 알기 위해 교회 역사상 가장 위대한 신학자의 한 사람이었던 알렉산드리아의 아타나시우스(296–373년)에게 시선을 돌려보도록 하자. 그는 4세기 초반에서 중반에 이르는 수십 년 동안 당시 큰 파장을 일으켰던 신학적 논쟁에서 가장 큰 기여를 한 사람이라

**십자가의** **목회** :우리의 야심을 버리고 그리스도를 섬기는 법

고 말할 수 있다. 325년에 니케아 신경이 제정되는 데 결정적 역할을 한 사람도 그였고 그 이후 아리우스파 이단이 예수님의 신성을 부정할 때 그에 맞서 확고한 정통 신학을 정립한 이도 그였다. 360년대에는 「아리우스파에 대한 네 개의 반박론(*Four Discourses Against the Arians*)」이라는 유명한 논문을 집필하기도 했다. 방대하고도 심오한 그의 논문은 예수 그리스도에 관한 교회의 사상을 확립하는 데 혁혁한 공적을 세운 걸작이었다.(다음의 홈페이지에 들어가면 원문을 볼 수 있다. www.newadvent.org/fathers/2816.htm)

자, 그럼 먼저 하나의 장면 배치를 하겠다. 1970년대 초반에 나와 아내는 스코틀랜드의 에든버러 대학에서 신학을 공부하고 있었다. 당시 우리가 수강했던 니케아 기독론은 오랜 세월이 지났어도 우리 기억에 또렷이 남아 있다. 토마스 토렌스와 제임스 토렌스라는 신학계의 저명한 형제 교수들이 강의를 했는데 그분들이 지식의 옷자락을 휘날리며 강의실에 들어서면 학생들은 일제히 숨을 죽이고 물을 끼얹은 듯 조용해졌다. 그분들의 강의를 여기에 그대로 옮기지는 못하지만 대충 요약하면 다음과 같은 내용을 담고 있다.

"여러분은 신학을 공부하기 위해 이곳에 왔고 실제로 전능한 하나님 앞에 서서 아주 많은 의문들을 품고 있습니다. 예수님의 생애는 '무엇'을 의미하는가? 예수님이 '어떻게' 죽은 자 가운데서 살아나셨나? 예수님은 '왜' 죽어야만 했는가? 그분은 '언제' 다시 오실 것인가? 그러나 이런 질문들은 여러분이 해야 할 질문이 아닙니다! 기독교 신앙에 있어 우선적이고 근원적인 물음은 '무엇, 어떻게, 왜, 언제'가 아니라 '누구'라는 물음입니다. 예수 그리스도는 누구인가? 여러분은 바로 이 질문에 대답을 해야 합니다. 아울러 니케아 공회가 다루고 있는 것도 바로 이 질문인 것입니다."

## 교회의 사상을 지키기 위한 전쟁

325년에 모였던 주교들은 교회의 사상을 지키기 위한 전쟁에 돌입할 준비를 하고 있었다. 왜냐하면 '예수 그리스도가 누구인가?'라는 근원적인 문제에 의견들이 엇갈리고 있었기 때문이었다. 물론 교회 안에서는 처음부터 그리스도의 인간성과 본질에 대한 견해 차이가 존재했지만 4세기에 이르러 화제의 인물들이 등장하면서 서로의 신학적 견해를 놓고 치열한 공방전이 벌어졌다. 그들은 바로 아리우스와 아타나시우스였다.

아리우스가 주장하는 것은 종종 도마 위에 오르던 "그는 태어나기 전에는 존재하지 않았다"는 논제였다. 여기에서 '그'는 그리스도를 가리킨다. 아리우스주의자들은 하나님이 그리스도를 창조하셨으므로 그리스도는 영원한 하나님과는 다른 존재라고 주장했다. 성부 하나님만의 지존함과 거룩함을 수호한다는 명분 아래 그들은 성자의 신분과 본질을 교묘하게 축소시키고 말았던 것이다. 그들은 예수님이 하나님보다 약간 열등한 존재라고 생각했다.

아타나시우스와 그의 옹호자들은 헬라 철학의 '호모우시오스'라는 개념을 빌려 아리우스파의 주장에 정면으로 맞서기 시작했다. 호모우시오스란 '본질적으로 하나인 같은 존재'를 의미한다. 아타나시우스는 성부와 성자가 같은 본질을 공유한다고 반박했다. 다시 말해 예수님은 온전한 하나님이라는 것이었다.

십자가의 *목회* : 우리의 야심을 버리고 그리스도를 섬기는 법

## 니케아 공회 이후

니케아 공회 이후에 정치적 음모, 신학적 매복, 그리스도에 관한 교리의 배척과 동요라는 불안정한 시기가 이어졌다. 그리스도의 본질을 놓고 벌어지는 팽팽한 신학적 줄다리기 속에서 아타나시우스는 다섯 번이나 주교직을 박탈당하고 알렉산드리아를 떠나 망명지로 쫓겨 다니는 신세가 되었다.

그러나 431년에 열린 에베소 공회에서 니케아 신경이 다시 채택되고 다른 모든 신경들은 사용이 금지되었다. 그리고 20년 뒤에 열린 칼케돈 공회에서는 그것을 최종적인 정통 교리로 확정지었다. 마침내 공고한 선이 그어져 믿음의 핵심적 신비가 지켜지게 된 것이다.

이것이 간략한 신학의 역사이며 이제부터는 아타나시우스 주장의 심장부인 예수 그리스도 사역에 대한 구체적인 사항들을 살펴보도록 하겠다.

## 아타나시우스의 논지

아타나시우스가 주장했던 논지는 이것이다. "예수 그리스도는 하나님의 일로 인간을 섬기고 인간의 일로 하나님을 섬기신다." 이 문장은 그가 쓴 반박론의 네 번째 책에서 직접 따온 인용문으로서 깊이 생각할 가치가 있는 말이다.

아타나시우스의 논리가 어떻게 발전된 것인지를 알려면 우선 다음의 세 가지 논제를 고려해야 한다. (1) 하나님은 인간 예수님을 통해 구원하신다. 즉 나사렛 예수는 하나님으로서 하나님의 일로 인간을 섬긴다. (2) 그럼으로써 인간 예수님이 우리를 위해 하나님의 말씀을 받으신다. (3) 역시 우리를 위해 예수님은 인간의 일로 하나님을 섬기신다.

첫 번째로 아타나시우스는 하나님이 예수라는 사람의 몸으로 성육신했음을 기독교가 반드시 이야기해야 한다고 강조했다. "말씀이 육신이 되어"(요 1:14). 이 말씀은 결코 은유가 아니다. 예수님은 사람이었다가 하나님이 된 분이 아니라 성부의 아들 성자였던 하나님이 여전히 하나님인 채로 인간이 되었고 그렇게 된 목적은 인류의 구원을 위해서였다. 성육신이야말로 하나님이 인류 역사에 홀연히 개입하신 일대 사건이었다. 예수님에 대한 고찰은 하나님을 대표하는 분이 아닌 하나님 자신을 고찰하는 것이다. 예수 그리스도 안에 계신 하나님은 분명한 하나님이셨다.

요점을 강조하기 위해 아타나시우스는 그리스도가 열등한 상태에서 승격된 것이 아니라 종의 형체를 취하신 하나님이었다고 설명했다. 따라서 우리도 그렇게 이야기해야 마땅하다. 인간 안에 계신 하나님이 아니라 인간 예수님으로서의 하나님인 것이다.

## 표면적인 것이 아니라 실제적인

성육신에 있어 예수님의 인간성은 목적을 위한 수단이 아니었다. 예수님 존재의 외적인 어떤 것이거나 복음의 부가적인 것도 아니었다. 아타나시우스는 하나님이 인간 예수라는 예수의 인간성을 은혜의 도구로 삼아 일하시고 그 뒤에 그 도구를 버린 것이 아니라고 역설했다. 성육신은 하나님이 우리를 위해 인간 예수라는 지극히 독자적인 방식으로 우리에게 오신 것이라고 말했다. 하나님은 인간 예수로서 구원하신 것이다. 그분이 육신이 된 것은 실제적이었지 표면적인 것이 아니었다. 하나님이 마리아의 아들로서 그분의 실제 역사에 독자성을 띠며 우리 가운데 오셨다.

그렇다면 예수 그리스도가 인류에게 하나님의 말씀이라는 주장, 아울러 우리에게 하나님의 일을 행하신다는 말은 무슨 뜻인가? 아타나시우스는 자신의 반박론에서 '호모우시오스'(homoousios)라는 말을 단 한 번밖에 사용하지 않았지만(1.9) 니케아 공회에서 확언한 내용은 그의 반박론 전체에 뚜렷이 부각되어 있다. 왜냐하면 예수님이 하나님 아버지와 본질적으로 같은 존재라는 핵심 진리가 반박론의 토대이기 때문이다. 예수님은 성부 하나님의 형상(image, icon)이었다. 즉 그분이 하나님의 말씀이고, 지혜이고, 광채였던 것이다.

하나님은 전에도 그렇고, 지금도 그렇고, 영원무궁토록 성자 안에서 인류에게 똑 같은 분임을 아타나시우스는 알고 있었다. 우리는 성자 안에서 성부를 보며 성부 안에서 성자를 생각한다. 결정적으로 하나님은 예수 그리스도를 통해 인간에게 다가오신 것이다. 성부와의 관계를 회복시키기 위해서 인간의 죄를 용서하려고 인류의 비참한 상태 속으로 들어오셨다. 아타나시우스의 이러한 통찰은 하나님을 알기 위해, 그리고 예수 그리스도를 통한 구원을 확신하기 위해 매우 중요한 것이다.

아타나시우스에 따르면 하나님은 예수 그리스도로서 진짜 우리 가운데 오셨고 하나님의 진정한 말씀으로서 육신의 몸으로 역사 속에서 살아 주셨다. 그리고 예수님을 통해 하나님이 우리를 구원하기 위한 그분의 구속적 사랑을 말씀하고 보여 주셨다. 예수 그리스도는 우리를 위해 오신 하나님이시다. 성자는 성부가 주신 선물이라고 아타나시우스는 말했다. 성육신은 하나님이라는 실제성과 인간이라는 실제성의 범주 모두에 해당한다. 예수 그리스도는 하나님과 인간 사이의 유일한 중재자로서 우리에게 하나님을 보여 주시고, 이제부터 살펴보려는 주제인, 우리를 하나님께 데려다 주신 분이다.

## 대리 인간성

아타나시우스의 주장에서 두 번째로 주목해야 할 점은 예수 그리스도가 우리에게, 그리고 우리를 위한 하나님의 말씀이었을 뿐 아니라 인간으로서 우리를 위해 하나님의 말씀을 듣고 받아들인 분이라는 사실이다. 이 사실과 더불어 이어지는 내용에서 우리가 살펴보아야 하는 것은 '그리스도의 대리적 인간성'이라고 불리는 나의 논제에 있어 아주 중요한 교리다.

예수님이 하나님의 말씀인 동시에 인간으로서 하나님의 말씀을 들었다는 이야기는 참으로 획기적인 신학적 통찰이다. 이러한 통찰을 기반으로 아타나시우스는 구원이 100% 하나님의 역사임을 단언할 수 있었던 것이다. 그럼 여기에서 논란이 되는 것은 무엇인가? 아타나시우스는 인간을 자유로운 정신의 소유자가 아닌 사형선고를 받은 인간으로 보았다. 더 나아가 성자의 성령을 받지 않고서는 절대로 하나님의 자녀가 될 수 없다고 말했다.

그의 주장에서 전제로 하는 것은 심지어 하나님도 성자의 성령 밖에서 우리에게 무언가를 말씀하시면 우리는 그 말씀을 듣거나 받을 수 없다는 것이다. 오직 성자만이 성부의 말씀을 들을 수 있기 때문이다. 따라서 그리스도는 인간이 됨으로써 하나님의 말씀을 하시는 분만이 아니라 하나님의 말씀을 받는 분이 된 것이다. 그것은 그분 자신을 위해서가 아니라 인간을 위해서였다.

십자가의 *목회* : 우리의 야심을 버리고 그리스도를 섬기는 법

그 의미를 더 정확히 전달하기 위해 아타나시우스는 하나님의 말씀인 그리스도가 이전에 소유하지 않았던 것은 아무 것도 받지 않으셨다고 주장했다. 인간을 위해 인간이 되신 그리스도, 즉 하나님의 말씀이었던 분이 인간을 위해 그의 인간성으로 하나님의 말씀을 받은 것이다. 따라서 예수 그리스도는 말씀하시는 하나님인 동시에 우리를 위해 그 말씀을 들으시는 분이다.

세 번째로 고려해야 할 사항은 그리스도의 구원의 역사다. 그리스도는 대제사장으로서 구원의 역사를 통해 인간의 일들로 하나님을 섬기셨다. 그리스도론의 이와 같은 면을 많은 신학자들이 소홀히 하고 있고 그로 인해 재앙에 가까운 결과가 빚어졌다. 그리스도가 바친 것은 그분 자신이었다. 성부께 자신을 바친 것은 곧 우리를 위해 그분 생애를 희생제물로 바친 것이었다.

성부에게 하신 그리스도의 섬김은 인간을 대속의 중심으로 데리고 가셨다. 그 은혜의 사역은 예수 그리스도라는 존재 자체에 속해 있었다. 스스로 자신을 낮추어 "우리의 낮은 몸"(빌 3:21)을 취함으로써 죄에 노예가 되어 있는 육신을 입으시고 종이 되셨다. 그리스도는 우리를 위해 아담이 되어서 하나님의 말씀을 받을 수 있는 몸이 되셨고, 우리가 더 이상 육체에 따라 살지 않고 성령에 따라 살 수 있게 해 주셨다. 인간이 되신 예수 그리스도는 자기 자신을 성부에게 바치셨다. 그래서 인간 가운데 사역하셨고 인간을 위해 기도하셨으며 자신의 생명을 죄의 빚을 청산하는 배상금으로 내어 주셨다.

우리는 우리 자신을 위해 하나님께 그런 일을 할 수 없는 자들이다. 오로지 우리와 연합하신 그리스도를 통해서만이 믿음으로 그분의 자기희생과 숭고함을 공유할 수 있다. 예전부터 그리스도의 것이었던 것이 지금 우리에게 주어졌다. 왜냐하면 그리스도가 우리의 연약함과 갈망을 가져가고 그 대신으로 우리에게 그분의 것을 주셨기 때문이다. 우리를 위해 그분이 인간이 되었듯이 우리는 그분을 위해 높이 올려졌다.

## 경이로운 교환

예수 그리스도의 중재적 사역의 결과 인류는 이전의 상태에서 전혀 다른 상태로 변화가 일어났다. 그것을 신학에서는 '경이로운 교환'이라고 부르며, 이는 고린도후서 8장 9절 말씀의 주석이기도 하다. "우리 주 예수 그리스도의 은혜를 너희가 알거니와 부요하신 이로서 너희를 위하여 가난하게 되심은 그의 가난함으로 말미암아 너희를 부요하게 하려 하심이라." 아울러 요한복음 17장 22절 말씀도 그 사실을 확인해 주고 있다. "내게 주신 영광을 내가 그들에게 주었사오니." 하나님의 그 무한한 사랑으로 예수 그리스도는 우리가 되셨다. 우리를 그분이 되게 하기 위해서 말이다. 아타나시우스는 예수님이 세상에 오심으로 우리는 승격이 되었고 하나님 아버지의 아들, 딸이 되었다고 했다. 또한 우리를 위해 그리스도가 하나님께 드린 섬김이 바로 그 영광스러운 결과를 빚었다고 역설했다.

아타나시우스의 견해는 인간에게 하나님의 것들을 섬기고 하나님께 인간의 것들을 섬긴다는 이중적 중재 사역을 중심으로 한다. 그리스도는 성육신한 인간성과의 결합 속에서 이러한 이중 사역으로 인간에게 하나님을, 하나님께 인간을 중재하셨다.

십자가의 **목회** : 우리의 야심을 버리고 그리스도를 섬기는 법

여기에서 나의 논리를 펼쳐갈 중요한 기반 하나는 성육신하신 그리스도의 대리 인간성이다. 그로써 예수님은 하나님께 인간의 일로 섬길 수 있으셨던 것이다. 나의 스승이었던 에든버러 대학의 토마스 F. 토렌스 교수가 즐겨 하던 말이 있다. 그리스도는 하나님 아버지께 순종하는 효성스런 삶을 사심으로써 인류가 의지를 굽혀 하나님의 뜻에 완벽하게 순종하도록 이끄셨다는 것이다.

## 성취된 언약

그럼 아타나시우스의 심오한 신학 이론에서 잠시 머리를 식힐 겸 인간이 자기 의지로 하나님의 뜻에 응답해야 한다고 주장하던 그 고집스런 남자에게 내가 했던 답변을 생각해 보도록 하자. 복음의 은혜로운 선물에 인간이 응답해야 할 때가 있음을 나는 부인하지 않는다. 그러나 그 응답은 하나님의 편에서는 이미 이행했고, 인간의 편에서는 예수 그리스도에 의해 이행된 언약의 차원에서 이해할 필요가 있다.

복음은 쌍방적 계약이 아니다. 다시 말해 하나님이 그분의 의무사항을 이행하고 우리는 우리의 의무사항을 이행하는, 그렇지 않으면 파기되는 그런 형태의 계약이 아닌 것이다. 우리는 단지 무조건적인 사랑에서 주신 은혜의 선물을 감사함으로 받으면 되는 것이지 어떤 조건을 이행하고서 그 대가로 은혜의 선물을 받는 것이 아니다. 우리의 응답은 예수 그리스도가 하신 응답의 고마운 결과이다. 그분이 우리를 대신해 믿음과 순종의 '아멘'이 되셨다. 죄인인 우리는 그런 아멘을 하지도 않고, 할 수도 없다. 사도 바울 역시 이렇게 말했다. "하나님의 약속은 얼마든지 그리스도 안에서 예가 되니 그런즉 그로 말미암아 우리가 아멘 하여 하나님께 영광을 돌리게 되느니라"(고후 1:20).

그리스도는 우리를 위해 믿고 순종하신다. 우리의 응답은 계약상의 의무를 이행하는 것이 아니다. 만일 그런 식으로 이해하게 되면 복음은 우리가 반드시 성취해야 할 의무가 되고 만다. 우리는 그저 그리스도의 신실하심에 의지해서 덕을 볼 뿐 우리 자신의 신실함을 의지하지 못하는 것이다.

## 절망은 없다

신앙생활이나 사역을 하다가 권태기가 오거나 의심이 일어날 때, 혹은 열정이 식을 때에도 나는 절망에 빠지지 않는다. 도리어 지금도 나를 위해 끊임없이 성부께 헌신하시는 예수님의 신실하심을 의지한다. 이렇게 할 때 침체된 신앙은 그 날카로운 이빨과 발톱이 제거되고 만다. 나는 사도 바울이 한 이야기를 상기한다. "그리스도께서 우리를 자유롭게 하려고 자유를 주셨으니"(갈 5:1).

내가 한 설교의 신학적 타당성에 의문을 제기했던 그 진지한 남자를 향해 나는 이런 말을 해 주고 싶다. 복음은 당신이 생각하는 것보다 훨씬 더 좋은 소식이라고. 만약에 당신이 응답해야만 구원을 얻을 수 있다면 예수님은 당신을 구원하지 않으신다고. 예수님은 이미 당신을 그분 은혜의 축복, 그분 응답의 축복 속에 포함시켜서 그분 안에서 당신이 새 생명으로 태어나게 하셨다고. 이제 주님은 당신에게 그분의 영을 보내셔서 그 새로운 삶을 살게 하시고 누리게 하신다고. 그러므로 믿고, 회개하고, 그리스도 안에서 그리스도인의 삶을 살라고. 그분 안에서만 당신은 생명이 있다고.

## 하나님 나라의 열쇠?

나의 친구이자 동료인 피츠버그 신학대학원의 찰스 파르티(Charles Partee) 교수는 재능이 탁월한 교사다. 그는 다양하고도 참신한 교수법을 개발해서 훌륭한 신학(그의 경우에는 칼뱅의 신학을 말함)을 학생들의 머릿속에 쏙쏙 들어가도록 가르친다. 그가 개발한 걸작 중의 하나가 열쇠 비유다.

파르티 교수는 학생들 앞에서 열쇠 하나를 들어 보이며 그것이 천국에 있는 그들의 방에 들어가는 열쇠라고 이야기한다. 학생들은 세 가지 신학 이론에 따라 세 가지 방법으로 그 열쇠를 가질 수 있는데 먼저, 중세 가톨릭교에서는 사다리를 타고 올라가서 꼭대기에 이르면 열쇠를 갖게 된다고 말한다. 다음으로, 개신교 경건파의 견해를 설명하기 위해 파르티 교수는 탁자 위에 열쇠를 놓는다. 그리고 학생들이 자리에서 일어나 앞에 나와 집기만 하면 그 열쇠를 가질 수 있다고 말한다. 마지막으로, 파르티 교수는 한 학생에게 다가가서 그의 손에 열쇠를 쥐어 주고 방을 깨끗하게 사용하라고 말한다. 이 마지막 견해는 장 칼뱅의 것이다.

## 내가 할 일은 무엇인가?

이제 독자들 중에는 이런 의문이 드는 사람이 있을 것이다. "만일 예수님이 날 위해 모든 것을 하셨다면 내가 할 일은 대체 뭐예요?" 지금까지 학생들을 가르치는 동안 나는 이 질문을 가장 많이 받았다. 나에게는 두 가지 대답이 있는데 하나는 퇴치형(dismissive)이고 다른 하나는 진지형(serious)이다. 사실은 두 개 모두 맞는 대답이라고 생각한다. 퇴치형 대답이란 이런 것이다. "그런 질문을 한다는 자체가 아직도 이해를 못한 증거다. 그러니까 너는 내가 지금까지 한 이야기를 아직 이해하지 못하고 있는 것이다." 그리고 진지형 대답은 그 문제를 좀 더 깊이 파고 들어간다.

"나는 대체 무엇을 해야 하느냐, 이미 예수님이 내 대신 모든 일을 하셨다면?" 나는 수년 간 이 질문을 심사숙고하다가 문득 이것이 통각(apperception)의 문제라는 생각이 들었다. 통각이란 경험을 해석하는 틀을 말한다. 가령 집을 보고서 가정을 떠올리는 사람이 있는가 하면 똑같은 집을 보고서도 투기를 떠올리는 사람이 있다. 우리가 세상을 어떻게 보는가, 더 일반적으로 말해서, 경험을 어떻게 이해하는가의 바탕에는 매우 근원적인 무언가가 작용하고 있는 것이다.

지금 우리가 논의하는 신학적 문제에 있어서도 그렇다. 나는 복음을 보며 나의 반응이 하나님의 은혜와 사랑의 결과라고 생각한다. 신학 이론을 설명하기 위해 결혼을 비유로 드는 것은 위험한 시도다. 하나님과 결혼이라는 평행적 비유는 인간의 죄 앞에서 무너지고 만다. 또한 모두가 결혼을 하는 것도 아니기 때문에 결혼을 표준으로 삼아서는 안 된다. 그럼에도 불구하고 나는 이 순간에 결혼 비유를 들어보겠다.

나는 아내 외에 누구에게도 한눈을 팔지 않는 남편이다. 아내를 죽을 때까지 무조건적으로 사랑하겠다고 서약했으므로 아내가 나의 사랑과 정절을 얻기 위해 해야 할 일은 아무 것도 없다. 마찬가지로 아내도 나를 무조건적으로 사랑한다. 우리 부부는 사랑이라는 영역 안에서 살아가는 것이다. 내가 아내의 마음을 아프게 해도 아내는 나를 용서한다. 마찬가지로 나 역시 아내를 용서한다. 서로에게 사랑과 용납을 얻기 위해 우리가 무엇을 해야 하는 것이 아님을 우리는 잘 알고 있다. 자, 결혼이라는 관계 안에는

십자가의 **목회** : 우리의 야심을 버리고 그리스도를 섬기는 법

일정한 행동을 해야 할 의무와 책임이 있다. 그러나 그 행동은 공유된 사랑에서 비롯되는 것이지 사랑을 받기 위한 조건으로서 행하는 것이 아니다. 정상적인 결혼생활은 자유와 기쁨의 표현이다. 만약에 상호간의 사랑이라는 결과를 위해 서로에게 정절을 지키고 잘해야 하는 이유가 무엇이냐고 묻는다면 그건 내가 하는 말을 제대로 이해하지 못했다는 증거다. 즉 결혼이 무엇인지를 이해하지 못한 것이다.

## 대리 사역

이 책의 중반으로 넘어가는 이 시점에서 우리는 또 다른 중대한 문제들을 살펴볼 필요가 있다. 지금까지는 '그리스도의 대리 인간성'이라는 주제의 뼈대를 세웠으므로 이제부터는 좀 더 본격적인 이야기에 들어가 보도록 하자. 우선, 그리스도의 대리 사역이란 그리스도가 우리를 대신해 일하시고 우리는 그 일에 동참한다는 뜻이다. 교회의 정통 신학인 이 논리가 필경 사역에 대한 독자들의 개념을 밑바닥부터 흔들어놓을 것이라고 예상한다.

우리에게 하나님의 일로 섬기시고 하나님께 우리의 일로 섬기시는 예수 그리스도가 우리를 대신해 하시는 사역이란 무엇인가? 이 질문은 아타나시우스가 기독론을 확립해 나갈 때 물었던 중대한 질문이었고 현대인들도 심각하게 숙고해 보아야 할 문제다.

앞 장에서 나는 예수 그리스도가 우리에게 하나님의 일로 섬기시는 분이라고 말했다. '주 예수 그리스도의 은혜와 하나님의 사랑과 성령의 교통하심.' 자, 본론으로 건너뛰어 아타나시우스가 제시한 두 가지 이론의 두 번째 부분을 이야기해 보자. 예수 그리스도는 우리를 대신해 사역하시는데 그것은 곧 성부께 대한 사랑과 순종의 행위이자 성부께서 받으실 만하고 사람들을 치유하는 데 합당한 인간의 사역을 올려 드리는 일이다. 그럼 이렇게 말해 보자. 예수님은 성령의 중재를 통한 그분의 사랑이 갖고 있는 자유로움 안에서 무엇을 하고 계신가? 이 질문의 시제가 현재형인 것을 주목하기 바란다!

### 기도하고, 가르치고, 일하시는 주님

15세기에 널리 불렸던 아름다운 라틴 찬송가 중에 "오 사랑이여, 얼마나 깊고 얼마나 넓고 얼마나 높은가"라는 찬송이 있다(번역. 벤자민 웹, 1854). 그 중에서 4절 가사는 그 나름대로 그리스도의 사역을 묘사한 것이라고 할 수 있다.

> "우리를 위해 기도하시네, 우리를 위해 가르치시네
> 우리를 위해 날마다 일하시네
> 말씀으로 징표로 행동으로
> 지금도 우리를 위해 일하시네"

그리스도는 우리를 위해 기도하고, 가르치고, 일하신다. 남장로 교단의 신학자였던 고(故) 존 리스(John Leith) 교수는 그 사실을 전통적인 언어로 표현하여 교회의 부흥이 설교와 가르침과 돌봄에 의해 이루어질 것이라고 「세대에서 세대로(Generation to Generation)」(Westminster John Knox, 1990)를 통해 말했다. 내가 가르치는 피츠버그 신학대학원에는 세 학기에 걸쳐 '기독교 교육', '목회', '설교학'을 차례로 수강해야 하는 목회학 과정이 있다. 나는

십자가의 **목회** :우리의 야심을 버리고 그리스도를 섬기는 법

설교자의 범주를 예배 인도자까지 확대시킬 것이다. 그러면 오랫동안 그리스도인의 인식에 박혀 있던, 그리고 지금도 옳다고 믿는 사역의 기본 얼개가 완성된다.

목회자와 사역자가 하는 일들을 생각해 보자. 우리는 과연 그리스도의 어떤 사역을 공유하고 있다는 말일까? 신약에서는 예수님을 '레이투르고스'(leitourgos), '디다스칼로스'(didaskalos), '디아코논'(diakonon)이라고 묘사했다. '성소에서 섬기는 이'(히 8:2), '선생으로 가르치는 이'(요 3:2), '종으로 섬기는 이'(눅 22:27)라는 뜻이다. 우리의 예배를 인도하고 하나님의 말씀을 선포하는 분, 하나님의 것들을 가르치고 우리를 위해, 그리고 우리의 구원을 위해 사랑 안에서 자유롭게 행하시는 분으로 그리스도를 바라보자. 그리스도의 사역을 그런 영역들로 한정할 수는 없지만 본장의 주제를 위해서 더 총체적인 차원에서 그 영역들을 살펴보게 될 것이다.

## 기독교 예배의 특징은 무엇인가?

현대에 들어와 벌어지는 예배에 대한 논쟁을 감안한다면 예수님이 사역자이심을 깨닫는 것이 교회에게도 중요한 일임을 인식하게 된다. 언제부턴가 '전통적인 예배', '현대식 예배', '혼합식 예배'라는 용어들이 생겨나기 시작했다. 복음성가냐 찬송가냐, 예배당이냐 일반 예배장소냐, 무대냐 강단이냐, 일상복이냐 제복이냐, 강대상에서의 설교냐 마룻바닥에서의 강의냐 등이 그런 용어를 정의하는 요소들로 인식되었다. 최근의 이머전트(emergent) 교회들은 생전 처음 예배드리는 사람들을 위해 예술과 신비주의를 결합한 형태의 예배도 시도하고 있다. 목사의 의무사항이었던 옷차림도 변하여 사제 옷깃이나 목사 가운 대신에 청바지를 입고, 와이셔츠를 밖으로 빼 입고, 심지어 몸에 피어싱까지 하고 다닌다.

어떤 형태의 예배를 드리든, 목사가 어떤 옷을 걸치든, 예배드리는 장소의 건축양식이나 가구가 어떠하든 우리는 반드시 이런 질문을 물어야 한다. "예배를 구체적으로 기독교 예배되게 만드는 요인이 무엇인가?" 예배자를 그리스도에게 결합시키는 것은 의식이나, 찬양곡이나, 옷차림이나, 가구들이 아니다. 예배에 대한 논란은 대부분 사소한 주변 문제들을 놓고 벌어지는 입씨름이다. 목회자가 입는 예복은 항상 당시의 의상 유행을 따라갔다. 그러다가 유행이 변하면 목회자 의상도 그 유행을 따라갔다. 예를 들어 사제들이 입던 흰색의 미사복은 로마 후기 시대의 속옷, 혹은 잠옷을 현대식으로 표현한 것이다. 브이(v)자 형태로 생긴 어깨걸이도 난방이 되지 않았던 중세시대 교회에서 목에 두르던 목도리에서 유래했다. 한때는 목사들이 가발을 쓰지 않고는 한 발짝도 밖으로 나가지 않던 시대도 있었다.

그럼 무엇이 예배를 기독교 예배가 되게 하는가? 나는 앞서 제임스 B. 토렌스가 쓴 「예배, 공동체, 은혜의 성삼위(Worship, Community, and the Triune God of Grace)」라는 책을 추천한 바 있다. 그 책에서 저자는 오늘날의 예배가 삼위일체가 아닌 유일신 숭배에 더 가깝다고 말했다. 풀어서 이야기하면 오늘날의 예배는 성도들이 하는 일이 중심이 되어 있다는 뜻이다. 우리는 예배자로서 찬양하고, 기도하고, 설교를 듣고, 성찬에 참여하고, 헌금을 낸다. 또한 목사들은 설교하고, 예배를 인도하고, 축도를 한다. 예수님은 본보기요, 주제요, 동기일 뿐 예배의 주인공이 아니다. 기껏해야 성령을 잠시 초대하는 정도에 그칠 뿐이다.

십자가의 *목회* :우리의 야심을 버리고 그리스도를 섬기는 법

## 성소에서 섬기는 예수님

토렌스는 그리스도인의 예배가 역동적인 삼위일체의 양상과 행위로 이루어져야 한다고 말했다. 예배는 성령의 능력 안에서 성자를 통해 성부께 올려 드리는 것이다. 즉 예수님은 우리의 예배를 중개하신다. 그분은 '톤 하기온 레이투르고스'(ton hagion leitourgos)다. 즉 거룩한 것들의 종, 혹은 히브리서 8장 2절이 말하듯 그리스도는 '성소에서 섬기는 이'시다. 주의 성소에서 섬기는 분이 예수님이다. 목사든 교인이든 간에 우리가 예배를 드리기도 전에 예수님은 이미 그곳에 계셔서 우리와 함께 성부께 찬양을 올려 드린다. 하나님의 말씀으로서 그분 자신을 말씀하시듯이 예배하는 인간 응답자로서 그 말씀을 듣고 인간이 하나님께 대한 믿음과 사랑으로 반응하도록 도와주신다.

예수 그리스도는 성부의 마음을 기쁘게 하는 예배를 드렸고, 지금도 계속 드리고 계시다. 성부야말로 찬양을 받기에 합당한 분이기 때문이다. 하나님은 예수님을 통해, 예수님 안에서, 예수님으로서 하나님이 우리에게 바라는 예배를 가능하게 하신다. 우리가 교회에 도착하기도 전에 '레이투르고스'인 그리스도가 우리를 위해 성부께 드리는 모든 피조물의 찬양을 인도하신다. 우리가 예배 중에 하는 '아멘'은 예수님이 우리보다 앞서 했던, 그리고 지금도 하고 계신 '아멘'에 동참하는 것에 불과하다. 예수님은 대제사장으로서 우리보다 앞서 행하시고 우리를 대신해 행하신다(히 3:1).

## 성찬에서의 그리스도

내가 말하고자 하는 바를 다른 식으로 표현해 보겠다. 전통적으로 기독교는 성찬에서 그리스도가 빵과 포도주를 통해 성도들을 중개하신다고 본다. 우리가 성찬 의식에 참여하는 동안 그리스도는, 이런저런 견해에 따르면, 우리를 위해 임재하신다는 것이다.

주의 성찬을 다른 방식으로 생각해 보라. 그리스도가 성령과 그분의 사랑 안에서 이미 우리를 위해 임재해 계시다. 모든 피조물을 위해 성부께 드리는 감사의 제물로서 임재하신다. 성체가 봉헌되기 전부터 그분은 이미 성체이며, 우리를 위한 감사제물이다. 성만찬의 요소들을 봉헌하는 중에 그것들을 그분의 몸과 피가 되게 하는 것은 그리스도의 임재다. 감사의 제물인 그리스도가 성찬 의식에서의 성체를 중개하신다. 성찬 의식에서의 성체가 그분을 중개하는 것이 아니다. 그분이 스스로를 성체로 만드셔서 자기 자신을 증언하는 분으로 임재하신다. 그래서 우리가 그분을 먹고 마시며 그분의 생명을 나눌 때 우리는 그분 안에 있고 그분은 우리 안에 있어 성부께 드려진 감사제물로서의 그리스도께 우리도 참여하게 되는 것이다. 그런 면에서 볼 때 교회의 중개적 제사장직은 성체에 불필요하다. 유일하게 중요한 제사장직은 그리스도의 제사장직일 뿐이다.

## 설교에서의 그리스도

설교 또한 비슷한 맥락에서 이해해야 한다. 설교가 그리스도를 전하는 것이 아니라 그리스도가 설교를 전한다. 칼 바르트(Karl Barth)의 말을 빌리자면 설교에 필요한 것이 그리스도가 아니라 그리스도에게 필요한 것이 설교다. 그분은 살아 계신 하나님의 말씀이며 실제적이고도 현실적으로 중요한 분이다. 신앙적으로 매력 있는 무언가를 고안하거나 예수님을 예배당에 모인 사람들에게 연결시키는 것이 설교자의 역할이 아니다. 살아 계신 하나님의 말씀으로서 예수님은 설교자가 어떤 말을 하기 전에 벌써 살아 있는 설교로 그곳에 존재하신다.

목사가 하는 말이 사람들을 고치고, 축복하고, 소망을 주고, 죄를 일깨우고, 마음을 변화시키고, 용서받게 하는 것이 아니다. 설교자가 할 일은 예수님이 하나님의 말씀으로서 교인들에게 하시는 말씀을 그대로 전하는 것이다. 예수 그리스도의 본질, 그분이 했던 말과 행동, 그분이 현재 하시는 말과 행동에 이미 선포적(kerygmatic) 사명은 예견되어 있다. 그렇기 때문에 설교는 파생 사역이라고 할 수 있다. 이런 개념, 오로지 이런 개념 위에서 설교는 교회의 기반이 되는 것이다.

## 주님이 무엇을 말씀하고 계신가?

설교자의 우선적인 의무, 설교의 모든 기교와 기술이 필요한 근본적인 이유가 되는 그 의무는 자신의 이름과 권위로 사람들에게 말씀하시는 그리스도의 증인이 되는 것이다. 말씀 해석은 '오늘 이 사람들에게 주님이 무엇을 말씀하고 계신가?'에 대한 답변이다. 충실한 설교란 지금 이 순간 이 사람들을 앞에 놓은 상황에서 예수 그리스도를 신학적으로 깊이 이해한 데서 비롯된 설교다. 설교자는 예수 그리스도를 알고 그의 앞에 있는 교인들도 알고 있다. 오늘 그들에게 하시는 주님의 말씀은 무엇인가?

당신이 주님을 알고 당신 교회의 교인들을 안다면, 그리고 주님이 하나님의 말씀으로서 그분의 백성에게 그분의 은혜와 사랑의 말씀을 하시는 분으로 믿는다면, 당신의 설교는 절대로 무미건조해지는 일이 없을 것이다.

물론 가끔은 분별력이 흐려지기도 하고, 어두운 창문을 통해 어렴풋이 보거나 동굴 속에서 희미하게 들을 때도 있을 것이다. 주님의 증인이 되는 것이 당신을 힘겹게 만들기도 할 것이다. 당신이 그분과 함께 일한다는 이유로 그들(인사 위원회)이 밤중에 당신을 찾아올지도 모른다. 당신은 깨진 토기 그릇이므로 사람들에게 적절한 말, 인상적인 비유, 감동적인 예화를 찾기 위해 힘겨운 씨름을 해야 할 것이다.

물론 목회는 어려운 것이다. 어떤 경우에는 죽고 싶을 만큼 어렵다. 하지만 예전에도 그랬고 앞으로도 그럴 것이다. 그러니 긍정적인 면을 바라보라. 갑바도기아의 위대한 신학자이며 주교였던 나지안주스의 성 그레고리는 은퇴 후 혼자 쓸쓸하게 죽음을 맞이하면서 자신은 실패자라고 생각했다. 헬라 교회의 탁월한 설교자였던 안디옥의 크리소스톰 주교는 추방당해 망명지로 가는 도중 개천에서 생을 마감했다. 가장 긴 목회지침서를 써서 교회 역사에 획기적 전기를 마련했던 개혁자 그레고리 대제는 병상에 누워서도 교황 업무를 보지 않으면 안 되었고 그 후로 하루에 몇 시간밖에는 일어나 앉지도 못할 지경이 되었다. 슈트라스부르크의 개혁가 마틴 부처(Martin Bucer)는 자신이 몸 바쳐 섬겼던 교인들에게 배척당해 영국으로 건너갔고 결국 그곳에서 생을 마쳤다. 키더민스터 부흥에 앞장섰던 청교도 목사 리처드 백스터(Richard Baxter)는 영국 교회 역사상 가장 성공적으로 여겨진 목회를 하고서도 교회에서 쫓겨났다.

목사들이여, 마음을 단단히 먹고 굳은 각오를 하라. 예수님은 지금도 자신의 백성에게 말씀하고 계신다. 목회자는 그분이 하시는 말씀에만 의지해야 한다. 그러므로 들으라. 주님이 그분의 백성에게 하시는 말씀을 듣고 그

십자가의 *목회* :우리의 야심을 버리고 그리스도를 섬기는 법

대로 말하라. "여호와의 말씀이니라."

## "목사님, 은혜로운 설교였습니다!"

교회 문을 나서면서 목사에게 "은혜로운 설교였습니다"라고 하는 것보다 더 어리석은 말이 있을까? 목사가 무슨 얘기를 했다는 것인가? "오늘 아침 예수님이 하신 말씀에 크게 감동(혹은 격려)을 받았습니다." 설교를 듣는 사람들은 이런 말을 해야 하나님 말씀의 가치를 인정하는 자가 되는 것이다.

반면에 예수님이 하신 언행에 불만족을 표시할 때도 역시 그 말을 적용할 수 있다. 물론 목사가 예수님이 하시는 말씀을 정확하게 전달하지 못하는 경우도 얼마든지 있다. 자기의 주관적 견해를 너무 많이 섞는다든가, 논리가 모호하다든가, 표현력이 모자랄 때 그렇다. 그래도 여전히 설교는 우리가 마음대로 할 수 있는 것이 아니다.

예수님의 말씀을 충실히 전달하는 설교는 전적으로 하나님이 만드시는 기적이다. 하나님의 말씀인 예수님을 떠나 설교를 논할 수 없고 예수님은 자신의 백성에게 할 말을 선택하신다. 매주 목사가 의지해야 할 것은 오로지 그 기적이다. 이 사실을 교인들에게 알리고 구원의 기적을 깨달아 계속 자라나게 하라. 하나님이 말씀하신다.

## 교사이신 그리스도

그리스도는 하나님의 것들을 가르쳐 주시는 교사, 즉 '디다스칼로스'이다. 헬라어 동사 원형 '디다스코'(didasko)는 예수님과 사도와 관련해 총 97번이나 사용되었다. 가르침이야말로 그들 사역의 핵심 사항 중 하나였다. 우리가 예수 그리스도를 중개하는 것이 아니라고 한 말을 기억하는가? 그분이 우리를 중개하신다. 그렇다면 교회 안에서의 가르침과 관련해 그 사실을 어떻게 이해해야 하는가? 우리가 가르치는 내용은 예수 그리스도의 가르침이다. 우리가 교회에서 가르칠 때 예수님은 우리를 어떻게 중개하시는가?

## 가르침과 먹임

여기에서는 마가복음 6장 34절 말씀을 토대로 '교사 예수님'이라는 주제를 풀어보도록 하겠다. 첫 번째 장면은 마가복음에 나오는 오병이어의 기적이다. 특히 우리가 주목할 점은 예수님과 군중이 갖고 있는 각각의 특징들 간의 연관성이다. 예수님은 목자 없는 양 같은 무리를 보시고 불쌍히 여기셨다. 그 결과 그들에게 많은 것을 가르치셨다. 같은 사건을 담고 있는 누가복음 9장 11절에서는 예수님이 무리에게 하나님 나라에 대해 가르치셨다고 말한다. 당시 배경이 된 장소가 광야였다는 사실을 잊지 말라. 광야는 제자들과 군중의 황폐한 영적 상태를 간접적으로 암시하고 있다. 우리의 사역이 예수님의 사역으로 대체되어야 한다는 필요성을 그 상황이 단적으로 말해 주고 있지 않은가!

물러가서 쉬고 싶은 예수님과 제자들의 심정에도 아랑곳없이 그들 주변에는 어마어마한 인파가 모여들었다. 헬라어 '스플랑크니조마이'는 원래 '창자가 뒤틀리다'라는 뜻이며 이것은 다른 사람의 고통을 함께 느끼는 강한 공감대를 표현하는 말이다. 수의학에서 파생된 동물의 내장을 뜻하는 이 단어는 공감에 동반되는 신체적 반응을 의식하게 만들어 준다. 마치 누군가에게 주먹으로 명치를 맞은 것 같은 고통을 일컫는 말이다.

예수님의 사역은 아주 특별한 긍휼의 성격을 띠고 있었다. 앞서 소개한 구절에서는 긍휼의 마음이 예수님 행동의 우선순위까지 바꾸어놓은 것을 볼 수 있다. 물론 당시의 군중들은 굶주려 있었기에 먹을 것이 필요한 상황이었다. 그러나 마가는 오병이어 기적에 더 깊은 신학적 의미를 부여했다. 즉 그들은 목자 없는 양과 같았고 그런 영적인 갈급함에 예수님의 긍휼이 즉각적인 우선권을 부여하게 되었다는 것이다. 그에 대한 암시는 민수기 27장 17절과 에스겔 34장 5절에도 나와 있다. 당시의 사람들은 인도하심과 구원이 동시에 필요한 상황이었다. 예수님은 광야를 지나는 사람들에게 구원하는 교사이자 지도자가 되신다. 하나님이 보낸 다윗의 종으로서 광야에 있는 무리에게 진정한 안식을 베풀어 주신다. 가르침과 먹임의 결합은 하나님의 통치가 열리는 새 시대의 도래를 뜻하는 성경적 표징이다. 예수님이 가르쳤던 내용을 누가는 하나님의 나라라고 불렀고 마가는 예수님이 그것을 실현했다고 기록했다.

## 행하고 가르치는 분

자, 성경에서 눈을 떼어 흔히 인용하는 속담 하나를 들어보겠다. '일할 줄 아는 사람은 일하고 일할 줄 모르는 사람은 가르친다'는 옛 속담이 어떤 면에서는 일리 있는 말인지도 모른다. 그러나 우리는 그와 같은 일반 상식을 깨고서 예수님이야말로 '디다스칼로스', 즉 하나님의 행동하심이었음을 알아야 한다. 예수님의 경우에는 일할 줄 아는 분이 가르치기도 했던 것이다.

그런 면에서 요한복음 14장 6절이 중요한 단서를 제공한다. 예수님은 우리를 하나님께 중개하시는 교사(디다스칼로스)였음을 그 구절이 밝히고 있기 때문이다. "내가 곧 길이요 진리요 생명이니 나로 말미암지 않고는 아버지께로 올 자가 없느니라." 이 구절에는 1단계의 의미를 이해해야 2단계의 의미를 이해하고, 2단계의 의미를 이해해야 3단계의 의미를 이해하는 3중의 단계적 이해과정이 등장한다.

> 1단계: 길을 안다 − 교사가 가르치는 것 →
>
> 2단계: 진리를 안다 − 가르치는 교사 →
>
> 3단계: 생명을 안다 − 성령 안에서 성자를 통해 성부와 친교를 맺는다.

우리는 예수님의 가르침에서 가르치는 예수님에게로 옮겨 간다. 예수님은 그분 자신이 진리다. 그런 다음에는 그리스도와의 연합으로 인해 생겨난 열매이자 하나님의 생명을 공유함으로 말미암은 하나님을 깊이 알게 되는 단계로 진입한다. 3단계에 올라가면 또 다시 1단계로 돌아가 같은 과정을 되풀이하며 우리는 예수 그리스도를 통해 더 깊이 하나님과 그분의 생명을 알게 되는 것이다.

그럼 각각의 단계를 하나씩 살펴보면서 예수님이 교사라는 사실이 무엇을 의미하는지를 구체적으로 짚어보도록 하자.

십자가의 **목회** : 우리의 야심을 버리고 그리스도를 섬기는 법

## 1단계

예수님의 말씀을 가르치는 것은 우리에게 그다지 어려운 일이 아니다. 우리가 익히 알고 있는 교육의 개념에 쉽게 들어맞기 때문이다. 자료들도 충분해서 얼마든지 가르칠 수 있다. 우리는 예수님이 가르치신 내용들을 탐구하고 그것을 현실에서 어떻게 적용해야 할지를 생각한다. 그것이 성경 지식과 적용법을 배우는 기독교 교육의 기본 과정이다.

물론 말처럼 쉬운 것은 아니지만 일단 출발은 그렇게 한다. 그러나 마냥 거기에 머물러 있지는 못한다. 곧 이어 성경해석에 관한 의문점이 떠오른다. 이 말씀을 하신 분이 예수님이라는 전제 아래 과연 예수님은 어떤 의미로 이 말씀을 하신 것일까? 단계별 이해 과정이 진행되면서 1단계에서의 적용에 대한 이해는 더 깊어진다. 예수님의 가르침이 윤리와 신앙의 지침이 되고 하나님의 말씀인 예수님께 그 어느 때보다 가깝게 다가간다. 이제 주님은 권위 있게 가르치는 신앙의 교사만이 아니라 그분이 하나님의 진리라는 사실 자체에 접근하지 않을 수 없게 된다. 세 단계의 이해 과정을 마치고 다시 처음으로 돌아가는 나선형 구조를 되풀이하면서 우리는 윤리와 신앙 교육의 단계에 오래 머물 수 없음을 깨닫게 된다. 과연 예수님이 누구인지, 우리가 그분을 안다는 것이 무엇을 의미하는지, 그분을 아는 것이 곧 하나님을 아는 것인지를 명확히 인식해야 하기 때문이다.


## 2단계

2단계는 그리스도의 연합이라는 제목으로 다음 장에서 더 자세히 논할 것이므로 여기에서는 일단 중개라는 주제를 다루어 보자. 성령의 역사를 통해, 즉 하나님의 행동하심을 통해 우리는 살아 계신 주님을 더 깊이 알 수 있게 되었다. 예수님의 가르침을 아는 단계에서 실제로 살아 계신 예수님을 아는 단계로 올라선 것이다. 이 시점에서 기독교 교육은 완전히 새로운 전환점을 맞이한다.

예수님과의 친밀한 관계라는 말을 익히 들어보았을 것이다. 문제는 그 관계를 위해 우리가 무엇을 해야 한다고 착각하는 것이다. 그래서 그 관계의 여부가 우리에게 달려 있는 것인 양 생각한다. 예수님과의 관계는 그분의 사랑에 의한 그분의 행동에 달린 것이다. 성령은 우리가 그분과 하나되어 하나님의 진리인 그분의 생명을 공유하도록 도와주신다. 여기에서의 진리는 하나의 개념이나 견해나 명제가 아니다. 우리를 만나 주시는 인격적인 존재 그 자체를 의미한다. 그것은 전혀 새로운 차원의 앎이다.

골로새서에 나오는 몇 가지 주제들을 간략히 살펴보자. 바울은 골로새 교인들이 배우는 진리에 큰 우려를 나타내었다(골 2:7). 그 교회에 들어온 교사들이 교인들에게 금욕적 행위를 강요했기 때문이다. 그들은 그런 행위로 특별한 지식을 얻어 하나님을 제대로 예배할 수 있다고 주장했다. 바울은 그와 같은 "철학과 헛된 속임수"(골 2:8)를 정면으로 반박하면서 특별한 의식이나 경건한 행위가 하나님의 인정을 받는 것이 아니라고 말했다. 즉 그리스도 한 분으로 충분하다는 것이다! 우리를 성부께 인도하시는 중개자는 오로지 예수님뿐이다. "그는 보이지 아니하는 하나님의 형상이시오 모든 피조물보다 먼저 나신 이시니"(골 1:15). 그 뒤 이어지는 구절에서는 "만물이 그에게서 창조되되"(골 1:16)라며 같은 말을 반복한다. "아버지께서는 모든 충만으로 예수 안에 거하게 하시고"(골 1:19), 예수님을 통해서 땅과 하늘의 만물이 하나님과 화해하게 되었다(골 1:20).

골로새서는 전능하신 주 예수 그리스도께 마땅한 찬미를 올려 드린다. 그분은 만유의 주이며 온 우주의 주시다. 진리의 말씀이신 예수 그리스도(골 1:5)는 다음의 세 가지 형태로 설명되어 있다. 첫째로 바울은 우리가 하나님을 알게 되고 그분과 친교를 맺기 위해 그리스도 한 분으로 충분하다고 주장했다. 그 이상의 무엇도, 혹은 누구도 필요하지 않다. 둘째로 우리를 하나님으로부터 분리시켰던 죄에 대한 대가를 그리스도가 완전히 지불했고 십자가에 못박았다고 했다(골 2:14). 셋째로 그리스도께서 하나님과 영적 전쟁 중이던 영계의 세력들을 무력화하고 구경거리로 전락시키셨다고 말했다(골 2:15). 그리스도 안에서만, 오직 그리스도 안에서만 완전한 구원이 가능하다. 그리스도를 믿는 자만이 거룩하고, 흠 없고, 책망할 것이 없는 자로 하나님 앞에 설 수 있다(골 1:22). 이 진리의 말씀은 온 천하에서 열매를 맺어 자라고 있다(골 1:6). 그 말씀은 천하 만민에게 전파되었고(골 1:23) 그렇게 하는 목적은 그리스도 안에서 완전한 자로 세우기 위함이다(골 1:28).

### 3단계

성부 하나님과의 친교가 우리가 배우는 모든 지식의 목적이자 목표이다. 사실 얼마나 놀라운 일인가? 하나님의 생명을 공유함으로써 하나님을 알 수 있다니! 하나님과의 친교는 기독교 교육의 궁극적인 목표인 것이다.

그리스도와의 연합을 통한 하나님과의 친교가 구체적으로 무엇을 의미하는지 설명하기 위해 내가 즐겨 사용하는 이미지는 성삼위의 내적인 삶이다. 우리는 하나님을 안에서부터 알게 되는 것이다. 더 이상 하나님에 '대해서' 아는 것이 아니라 비록 희미한 거울을 통해서나마 그분을 '마주보며' 알게 된다. 우리가 예수님과의 관계를 통해 그분을 알게 되는 것은 성령의 역사이고 이것은 어떤 중요한 의미에서 성부 성자간의 관계(the Father-Son relationship)에 우리가 동참한다고 볼 수 있다. 어떤 의미에서 우리는 성삼위의 삶(the life of the Trinity)을 공유한다고 볼 수 있다.

나는 마지막 두 문장에 일부러 '어떤 의미에서'라는 한정적 표현을 집어넣었다. 우리가 그런 식의 앎에 더 깊이 들어갈수록 일상사에서 비유와 예화를 끌어내는 것이 점점 더 어려워진다. 하나님을 앎으로써 우리의 사고가 변화되기 때문에(롬 12:2) 우리의 언어 또한 표현의 한계에 도달하는 것이다. 시인이나 소설가만이 인간의 사랑을 가장 근사하게 표현해 내듯이 그리스도를 통해 하나님에 대해 깊이 알면 알수록 그것을 어느 정도 비슷하게라도 표현해 내기 위해서는 성인들과 찬양 작사가들의 힘을 빌려야만 한다. 그러나 전 세계에 흩어져 있는 수많은 성도들이 지금까지 표현해 온 신앙의 기쁨 속에서 하나님에 대한 깊은 지식을 알 수 있는 것 또한 사실이다.

## 섬기는 그리스도

그리스도는 섬기는 분이다. 아타나시우스는 그리스도가 인간의 일로 하나님을 섬긴다고 말했다. 누가복음 22장 27절에 나오는 최후의 만찬에서는 예수님을 '디아코논'이라고 묘사했다. 예수님 역시 제자들에게 나는 섬기는 자로 너희 가운데 있다고 직접적으로 말씀하셨다. 성자는 성부가 하시는 일을 보고(요 5:19) 자신을 보낸 성부의 뜻대로 행하신다(요 5:30).

여리고 인근에서 맹인 거지를 고쳐 주신 것이 그 점을 단적으로 보여 주는 사건이다. 예수님이 여리고 성읍으로 걸어가실 때 구걸하던 맹인이 도와달라고 부르짖었다. 사람들은 조용히 하라고 면박을 주었으나 그는 오히려 더 필사적으로 소리를 질렀다. 그 절박한 외침을 들으신 예수님은 그를 불러오라고 하신 후에 이렇게 물으셨다. "네게 무엇을 하여 주기를 원하느냐"(눅 18:41). 자, 여기에서 한 가지 경고를 하겠다. 이 이야기를 우리가 어떤 태도를 가져야 하는지를 가르치는 도덕적 이야기로 읽지 말라. 이것은 예수님이 가지셨던 섬김의 태도를 말해 주는 것이다. 그 사실만 명심하라.

## 발을 씻기심

예수님의 섬김이 갖고 있는 특성은 최후의 만찬 자리에서 예수님이 제자들의 발을 씻겨 주는 모습에서 또 한 번 드러났다. 예수님은 이렇게 말씀하셨다. "내가 너희에게 행한 것 같이 너희도 행하게 하려 하여 본을 보였노라"(요 13:15). 여기에서 다시 한 번 경고를 하겠다. 예수님의 말씀을 하나의 도덕적 명령으로 받아들여 이러한 패턴을 따라야 한다는 것은 잘못된 생각이다. 그리스도는 섬기시는 분이다. 우리가 하는 모든 사역은 섬김이다. 발을 씻어 주신 예수님의 행동은 우리가 취해야 할 삶의 태도를 말해 주는 것이다. 그리스도 안에서 우리는 그분의 섬김의 삶에 동참하고 그 삶은 곧 그분이 보여 주신 그대로의 삶이 될 것이다. '세족식'을 기계적으로 실행할 것이 아니라 '그리스도 안에서'라는 사실이야말로 우리가 추구해야 할 바다.

사도 바울은 그리스도의 섬김이 갖고 있는 깊은 의미를 일찍부터 간파하고 있었다. "우리 주 예수 그리스도의 은혜를 너희가 알거니와 부요하신 이로서 너희를 위하여 가난하게 되심은 그의 가난함으로 말미암아 너희를 부요하게 하려 하심이라"(고후 8:9).

## 예수를 바라보라

내가 이 책을 쓰게 된 이유는 오랫동안 목회라는 짐에 눌려서 쓰러지기 직전에 이른 목사들을 위해서였다. 나의 친구이자 동료들이여, 의무는 많고 은혜는 적은 목회 신학 때문에 얼마나 지치고 메말라 있는가? 해야 할 일은 태산 같은데 예수님이 당신을 위해 하셨고, 하고 계신 일들은 너무나 적어 보였을 것이다. 이제는 디아코논, 즉 섬기는 자이신 그분에게 눈을 돌리라고 말하고 싶다. 그분이 당신을 위해 사역의 짐을 대신 져 주신다. 아울러 당신이 목회하는 교회의 교인들을 위해 그렇게 하신다. 교인들에게 필요한 것은 당신의 섬김이 아니라 예수님의 섬김이다. 오로지 예수님의 사역만이 구속력을 갖고 있다.

당신이 설교할 때 자주 했던 이야기를 이제 내가 당신에게 하겠다. 예수님을 바라보라. 그분이 섬기시는 분이다. 예수님이―그분의 사랑의 자유와 성령의 능력 안에서―당신 교회의 교인들에게 무엇을 하고 계신지 정확하게 파악하는 신학적 안목을 키우고 주님이 하시는 사역에 동참하도록 이끄실 것임을 신뢰하라.

주님이 당신에게 목회에 필요한 은혜를 채워 주고 옆에서 돕고 계신 것이 아니다. 당신에게 필요한 것은 목회를 위한 새로운 전략이 아니다. 예수 그리스도가 당신의 영적 목덜미를 붙잡고 계시다는 인식이 그보다 훨씬 더 중요하다. 목회의 응급 처방이 내려 주는 해결책보다 문제는 더 심각하게 곪아 있다. 그러나 복음은 그 어떤 문제보다도 훨씬 더 획기적이고 강력하다. 당신은 심오한 '메타노이아', 즉 새로운 마음가짐을 갖고 예수 그리스도의 사역에 더욱 충실한 신학을 받아들이도록 부름 받았다. 당신을 탈진과 우울증으로 내몰았던 신학을 버리라. '당신의' 사역도 버리라. 만일 그게 너무 어렵다면 당신이 현재 느끼고 있는 감정은 사역이 죽는 단말마의 고통이며 십자가 처형의 고통임을 믿으라. 물론 얼마나 힘든지는 나도 잘 알고 있다. 그러나 당신 안에서 새로운 것이 탄생하고 있다. 이제 주님이 오셔서 당신이 주님과 연합되었다는 사실, 당신과 당신 교회 교인들을 위해 그분이 하고 계신 일들을 당신이 이해할 수 있게 도와주실 것이다.

# 4장

# 그리스도의 사역을 공유함

– 그리스도와의 연합

그리스도와의 연합이라는 본장의 부제가 생소하게 여겨지는 독자들도 있을 것이다. 이런 주제로 책이나 설교를 듣고 읽는 것이 그리 흔한 일은 아니다. 그러나 이것은 장 칼뱅 신학의 핵심이었다. 나는 그리스도와의 연합이 실천 신학의 중심 교리이고 충실한 사역의 열쇠임을 지금부터 증명해 보이려고 한다.

본장에서는 신약에 나오는 성경 본문 몇 개를 차근차근 살펴보게 될 것이다. 그 중 두 가지는 신학 주석의 형태를 띠고 나머지 두 개는 설교 형태로 되어 있는데 이 성경 본문의 내용들이 우리가 지금부터 다루려는 주제를 안내하게 될 것이다.

## 설교: 빌립보서 3장 12-14절

얼마 전에 나의 아내가 교회에서 매우 감명 깊은 설교를 했다. 나는 아내의 허락을 받아 그 설교를 본장의 구성 요소로 삼았다. 성경 본문은 앞서 인용한 적이 있는 빌립보서 3장 12-14절의 말씀이다.

> "내가 이미 얻었다 함도 아니요 온전히 이루었다 함도 아니라 오직 내가 그리스도 예수께 잡힌 바 된 그것을 잡으려고 달려가노라 형제들아 나는 아직 내가 잡은 줄로 여기지 아니하고 오직 한 일 즉 뒤에 있는 것은 잊어버리고 앞에 있는 것을 잡으려고 푯대를 향하여 그리스도 예수 안에서 하나님이 위에서 부르신 부름의 상을 위하여 달려가노라"(빌 3:12-14).

아내는 먼저 제인 폰다(Jane Fonda, 미국의 영화배우-역주)의 이야기를 예화로 들었다. 자신이 쓴 자서전 「지금까지의 내 인생(*My Life So Far*)」을 홍보하기 위해 텔레비전에 출연한 제인 폰다는 마음은 여리지만 쾌활한 성격을 갖고 있는 여성이었다. 자신은 언제나 완벽한 사람이 되어 사랑과 인정을 받고 싶었으나 그럴 수 없는 좌절감이 결국은 섭식 장애로 이어졌다고 한다. 사랑받기 위해 병적으로 마른 몸매에 매달리고 배우자의 학대까지 참아낸 그녀의 인생은 "더 열심히 해. 난 아직도 부족하단 말이야"라는 강박에 시달리는 삶이었다.

자, 성경을 들고서 빌립보서 3장 12절부터 14절까지의 말씀을 읽어보라. 더 열심히 노력해서 완벽해지라는 명령이 들리는가? 설교를 하던 아내는 이 시점에서 다음과 같은 이야기를 했다. "완벽해지고 싶은 마음, 그러나 결코 완벽해질 수 없다는 좌절감이 결국에 겉으로는 '행복한 그리스도

십자가의 **묵상** : 우리의 야심을 버리고 그리스도를 섬기는 법

인', '선한 사마리아인', '충성스런 종', '관대한 후원자'의 역할을 하면서 속으로는 분노, 원망, 의심, 절망감을 삭이고 있는 사람으로 만듭니다." 그렇다. 이런 식의 삶은 온갖 '해야 한다'를 만족시키기 위한 기쁨 없는 신앙생활이 되고 만다.

* * *

내가 독자들에게 소개하고 싶은 이야기는 지금부터다. 아내가 쓴 설교 내용을 이곳에 인용해 보겠다.

### 나는 할 수 있어

어릴 때 내(아내)가 즐겨 읽던 동화책 중의 하나가 「넌 할 수 있어, 꼬마 기관차」였습니다. 이 이야기는 조그만 꼬마 기관차가 자기보다 더 크고, 멋지고, 강력한 기관차들 속에서 주눅 들어 살아가는 내용으로 시작합니다. 큰 기관차들은 대도시 사이를 횡단하며 높은 산봉우리를 수월하게 오르내렸지만 꼬마 기관차는 조차장에서 차량을 바꿀 때에만 사용되는 수수하고 얌전하며 소박한 꿈을 갖고 살아가는 꼬마 기관차였습니다.

어느 날, 길고 멋진 기차 하나가 선물을 가득 싣고 산을 넘어가다가 그만 도중에 고장이 나고 말았습니다. 산 너머 아이들에게 그 선물을 전해 주어야 하는데 아무런 해결책이 보이지 않았습니다. 대단히 곤란한 상황이었지만 그 기차를 도와줄 수 있는 것은 조차장 내를 벗어나 본 적도 없는 꼬마 기관차뿐이었습니다. 그래도 꼬마 기관차는 온 힘을 다해 그 큰 기차를 끌어보기로 마음먹고 천천히 산을 향해 달려가면서 혼잣말처럼 중얼거렸습니다. "난 할 수 있을 거야, 난 할 수 있을 거야." 얼마나 굳은 결의이자 용기입니까! 꼬마 기관차는 다른 기차들보다 확실히 남다른 데가 있었습니다. "난 할 수 있을 거야, 난 할 수 있을 거야!" 정말이지 대단한 의욕이고 굉장한 충성심이었습니다. 꼬마 기관차는 산 너머에서 선물을 기다리고 있을 아이들을 절대로 실망시키고 싶지 않았습니다. "난 할 수 있을 거야, 난 할 수 있을 거야." 오로지 굳은 의지 하나로 그 꼬마 기관차는 무거운 기차를 끌고서 높은 산을 넘어갔습니다. 마침내 목적지에 도달했을 때 꼬마 기관차는 자신에게 이렇게 이야기합니다. "내가 해 낼 줄 알았어! 내가 해 낼 줄 알았다고!"

이 동화는 개신교의 노동 철학을 믿고 있는, 혹은 그 철학에 신념을 걸고 싶은 사람들이 읽어야 할 이야기입니다. 개신교에서는 독립 정신과 자립 의지를 강조합니다. 제가 자라날 때만 해도 그런 노동 철학이 사람들의 의식 속에 깊숙이 자리잡고 있었습니다. 비단 개신교도뿐만이 아니라 일반인들도 꼬마 기관차처럼 성공을 거두지 못하면 스스로를 실패자로 생각했습니다. 자기만큼 성공을 거두지 못한 사람은 열심히 노력을 안 한 결과라며 경멸의 대상으로 삼았습니다.

물론 어렸을 때 저는 그런 깊은 내막까지는 이해하지 못했습니다. 그저 동화에 나오는 이야기가 재미있었을 뿐입니다. 그러나 이제 어른이 되고 신학 교육을 받은 사람으로서 그 동화를 읽어보니 동화 속 이야기는 많은 성도들이 당연하게 믿고 있는 하나의 철학을 표현한 것임을 알게 되었습니다. 결국 인생에서 성공하고 착한 아이가 되는 길은 자기 자신의 목표, 즉 산 정상에만 초점을 맞추고 있는 힘을 다해 자신을 쥐어짜면서 "난 할 수 있을 거야, 난 할 수 있을 거야"라고 스스로를 세뇌하는 것이었습니다.

아마도 여러분은 '그게 뭐가 잘못되었다는 말인가?'라고 생각하실지도 모릅니다. 긍정적인 사고가 좌절하고 실의에 젖어 있는 사람들을 도와줄 수도 있겠지요. 성경에도 인내에 대한 말씀이 많으며 어떤 역경에도 사명을 잃지 말라고 말합니다.

그럼 빌립보서 3장을 보면서 성경은 어떤 이야기를 하고 있는지 알아봅시다. 12절에서 바울은 '이것'을 아직 이루지 못했지만 이루기 위해 달려간다고 했습니다. 바울이 아직 이루지 못했다는 '이것'은 무엇입니까? 그 앞에 있는 10절과 11절을 읽어보면 몇 가지를 추측할 수 있습니다. 거기에서 바울은 그리스도의 능력과 고난에 참여함에 대해 이야기했고 그분의 죽으심을 본받는 것과 죽은 자의 부활도 이야기했습니다. 그러나 10절에서 제일 먼저 언급한 것이 "그리스도를 알고 싶다"는 것이었습니다. 그 밖의 능력, 고난에 참여함, 죽음, 부활 등의 문제는 그리스도를 앎으로써 자연적으로 따라오는 결과였습니다.

## 그리스도를 아는 것

그리스도를 알고 싶다는 바울의 말은 길거리에서 예수님을 만났을 때 알아본다거나 그리스도의 생애와 가르침을 알아야겠다는 의미가 아니었습니다. 주님을 인격적으로 친밀하게 알고 싶고 주님도 자신을 그렇게 알아주길 원한다는 뜻이었습니다. 즉 그리스도와 그분의 사역을 관계적인 차원에서 인식하면서 그 관계의 폭과 깊이를 계속해서 더 넓고 깊게 하고 싶다는 뜻이었고 그리스도께 점점 더 가까이 다가가서 성령을 통한 그리스도와의 친교를 누리겠다는 뜻이었습니다.

그리스도를 아는 것은 오래 결혼생활을 한 부부에 비유할 수 있습니다. 남편과 아내는 세월이 흐를수록 서로를 더 잘 알게 되고, 더 믿게 되고, 더 의지하게 됩니다. 그것이 바로 바울이 원하고, 잡기 위해 달려가는 목표였습니다. 바울은 그렇게 그리스도를 알고, 믿고, 의지하고, 친교를 나누고 싶었던 것입니다.

### 그리스도 뒤에서 달려감

바울은 자신이 그토록 알기 원하는 그리스도 뒤에서 달려가고 있었습니다. 그것은 아주 의미심장한 일입니다. 특히 "그리스도 예수께 잡힌 바 된 그것을"(빌 3:12) 잡으려고 바울이 달려가고 있다는 사실을 고려할 때 그렇습니다. 한 가지 주목할 점은 이 문장에서의 직설법이 명령형을 시사한다는 점입니다. 바울이 예수님을 최고로 여기고서 달리게 된 것은 예수님을 위해 바울이 결정한 사항이 아닙니다. 바울을 위한 예수님의 결정이었습니다. 즉 그를 달리게 한 것은 하나님의 선택이었던 것입니다. 바울은 성령의 기류를 타고서 예수님 뒤에서 달렸습니다. 바울이 달린 것은 그저 예수님이 손수 정하신 목표에 이끌렸기 때문입니다. 우리 힘만으로는 달리지 못하기에 주님이 우리를 위해 달리십니다.

### 예수님이 결승점에 도달하심

개신교의 노동 철학과 반대로 우리를 목표에 도달하게 하는 것은 힘겨운 노동이나, 개인적 노력이나, 피땀의 대가가 아닙니다. 오직 우리보다 앞서 결승점에 도달하신 그리스도가 부활의 능력으로 우리를 이끌어 주시기에

십자가의 **목회** : 우리의 야심을 버리고 그리스도를 섬기는 법

도달할 수 있는 것입니다. 바울도 그 점을 분명하게 강조했습니다. "형제들아 나는 아직 내가 잡은 줄로 여기지 아니하고"(빌 3:13). 독립 정신과 자립 의지는 잊어버리십시오. 이 경주를 달리는 길은 그리스도의 발자취를 따라가는 것밖에 없습니다. 완벽하신 그분의 뒤를 따라가며 그분의 완벽함이 우리를 감싸고 그분과의 구속적 관계에 이르도록 해야 합니다.

그런데 이 성경 본문에는 한 가지 경고가 도사리고 있습니다. 달려간다는 의미를 자칫 오해할 여지가 있기 때문입니다. '달려간다'로 번역된 헬라어 '디오코'에는 원래 몇 가지의 뜻이 담겨 있습니다. '밀어붙이다, 추구하다, 따라가다, 박해하다, 주다' 등의 뜻이 있는데 사도행전에서 바울이 주님을 만났을 때에도 이 단어가 사용되었습니다. "사울아 사울아 네가 어찌하여 나를 박해하느냐"(행 9:4)라고 주님이 말씀하실 때 '박해하다'에 해당하는 단어가 바로 '디오코'였습니다. '따라가다, 박해하다, 좇아가다'라는 의미에서 여러분은 어떤 위험 요소를 발견했습니까? 바울은 주님을 만나기 전에 자기 방식대로 그분을 다루었던 독단적인 사람이었습니다. 그때에도 그는 달리기를 하고 있었습니다. 비록 그는 하나님을 위해 달린다고 생각했지만 사실은 그 자신의 달리기에 불과했습니다. 바울은 바리새인식의 생활방식에 완전히 사로잡혀 있던 사람이었습니다. 그래서 꼬마 기관차가 무색하리만치 강인한 의지력으로 목표를 향해 달려가고 있었습니다. 그런 면에서 바리새인의 노동 철학도 개신교와 크게 다를 바가 없었습니다. 그럼 그 결과가 무엇이었습니까? 예수님을 박해하는 것이었습니다!

우리 힘으로 달리는 경주에서는 우리 자신의 일을 하면서 우리가 정의한 완벽함에 도달하고자 노력할 따름이라는 사실을 명심하십시오. 그런 방식은 언제나 실패로 끝이 나고 결국에는 자기 파괴적 죄의 노예가 되고 맙니다. 그러면서도 계속해서 행복하고 성공적인 그리스도인으로 보여야 하니까 앞에서는 가면을 쓰고 뒤에서는 몰래 그런 음흉한 죄를 짓게 되는 것입니다. 우리 앞서 달리시며 우리 믿음을 완전케 하시는 그리스도를 의지하지 않을 때 결국은 그런 일이 발생하고 맙니다(히 12:2). 사실상 그것은 우리를 이끌어 주기 원하시는 예수님의 은혜를 거부하는 꼴이 되는 것입니다.

### 가벼운 조깅이 아니다

잘못 해석할 여지가 있음에도 불구하고 바울이 그런 비유를 사용한 이유는 무엇일까요? 신앙생활을 굳이 달리기에 비유한 의도가 무엇이겠습니까? 목표를 향해 애쓰고, 좇아가고, 달려간다는 이미지를 왜 사용했을까요? 사실은 우리가 그리스도의 능력 안에서 성령의 인도를 받아가며 달려간다는 것이지 신앙생활이 공원에서 조깅하는 것과 같다는 얘기가 아닙니다. 죄와 싸우고, 타락한 사회와 부딪치고, 교회 안에서 갈등하는 문제는 참으로 큰 시련입니다. 그리스도와 연합해서 성령의 힘으로 달려간다고 해도 우리의 달리기는 여전히 오르막을 오르듯 힘겹고 고달픕니다.

성경 본문에서도 바울은 자신의 고난과 믿음과 소망을 아주 솔직하게 털어놓았습니다. 그에게도 극복해야 할 난관이 있었던 것입니다. 우리는 '이미, 그러나 아직'이라는 현실 속에서 살아가고 있습니다. 우리는 이미 구원되었고, 그에 대한 확증도 받았고, 경주에서 승리했지만 아직 그리스도 안에서 온전한 사람이 되지 못했기에 그 정상을 향해 필사적으로 달려갑니다. 적어도 우리는 그렇게 느끼며 살아갑니다. 어떤 때에는 우리를 끌어 주는 동

십자가의 **목회** :우리의 야심을 버리고 그리스도를 섬기는 법

력이 너무 약하게 느껴지기도 합니다. 믿음이 흔들리고, 의지력이 약해지고, 용기가 꺾일 때도 있습니다. 바울도 그 점을 잘 알고 있었습니다. 그러나 바울 자신이 바리새인으로 돌아가길 원치 않았던 것처럼 우리도 소위 개신교 노동 철학이라고 불리는 풍조에 다시 휩쓸리지 말아야 합니다. 이제는 그리스도를 알기 위해 애쓰면서 모든 일에 그분을 의지해야 합니다.

그러므로 우리 모두 구세주의 뒤를 따라 계속해서 오르막길을 달려갑시다. 주님이 우리를 이끌어 주시고 산을 넘게 하실 것입니다. 기쁘게 그 산을 넘으면 우리 눈앞에는 남은 평생 넘어야 할 또 다른 산들이 펼쳐져 있겠지만 우리 귀에는 이런 소리가 들릴 것입니다. "주님이 해 내실 것이다, 주님이 해 내실 것이다!"

* * *

## 실패한 메시아니즘

나의 아내 캐시가 매우 격정적인 어조로 했던 설교를 나는 좀 더 평이한 문체로 바꿔보겠다. 그리스도와의 연합은 그리스도인의 삶을 구성하는 근원적인 밑바탕이 무엇인지를 보여 주는 교리다. 예수 그리스도가 우리를 위해 대신 짐을 져 주신다. 주님은 우리가 그분의 생명, 믿음, 순종, 사역에 동참하게 해 주신다. 그리스도인의 삶이 정말로, 참으로, 실제로 복된 소식이 되려면 그 방법밖에는 다른 수가 없다. 그럼에도 불구하고 그리스도인들은 그와 다른 방식의 삶과 사역 방식을 지향한다. 족쇄와도 같은 "난 할 수 있을 거야, 난 할 수 있을 거야"라는 주문을 되풀이하면서 모든 것, 즉 믿음과 제자훈련과 목회의 모든 것이 자신에게 달려 있다고 철석같이 믿는다. 그러다보니 자연히 성령께 도움을 요청하지도 않는다. 왜냐하면 그 공은 자신의 손에 쥐어져 있기 때문이다. 믿음은 자신의 의지에 달렸고, 제자 삼기는 자신의 순종에 달렸고, 사역은 자신의 의무 이행에 달렸다고 생각한다.

그럼 그것이 무슨 문제란 말인가? 우리의 의지와 순종과 의무감은 완벽하지 못하다는 것이 문제다. 우리는 곧 실패한 메시아니즘(messianism)의 먹잇감이 되고 만다. 신앙생활에 있어 적용되는 머피의 법칙은 "실패할 가능성이 있는 것은 실패한다"이다. 그리스도의 완벽한 삶에 동참하지 않는 한 우리는 좌절과 실패만을 맛보는 무력한 삶에 갇혀버리고 만다. 그런 실패와 좌절은 불가피한 것이면서도 죄책감으로 이어지고 우리는 포기하기 싫어서 또 다시 시도를 반복하게 되는 것이다.

## 모방이 아닌 참여

그리스도인의 삶은 그리스도를 '모방 함'(이미타티오 크리스티)이 아닌, 그리스도에게 '참여 함'(파티시파티오 크리스티)의 측면에서 이해해야 한다. 우리는 성령의 역사로 말미암아 그리스도의 생명을 공유함으로써 그리스도인이 되고 능력을 받게 된다. 장 칼뱅은 그것을 성령과의 결속이라고 불렀다. 그러한 결속으로 우리가 그리스도와 하나되고 그로 인해 성도와 그리스도 간의 "신비로운 연합"이 이루어진다고 칼뱅은 말했다. 우리가 그리스도의 생명을 공유하고 있기 때문에 신약에서는 복음에 감사하는 마음으로 계속 달려가라고 권했던 것이다. 결코 법에 복종하는 의무감에서 달려가라고 한 것이 아니었다.

십자가의 **목회** : 우리의 야심을 버리고 그리스도를 섬기는 법

## 신학적 주석: 갈라디아서 2장 20절

그럼 이제부터는 신학적 주석의 성격을 띠고 있는 갈라디아서 2장 20절을 살펴보기로 하자. "그런즉 이제는 내가 사는 것이 아니요 오직 내 안에 그리스도께서 사시는 것이라."

바울이 "내가 아니라 그리스도"라고 했던 말은 정확하게 정곡을 찌르는 표현이다. 하나님은 예수 그리스도라는 분 안에 하나님과 인간의 연합이라는 가능성을 펼쳐 놓으셨다. 그 가능성으로 인해 인간은 성령의 역사를 통해서 하나님과 하나될 수 있다. 이 연합은 믿음으로 알 수 있는 것이다.

그리스도는 육신을 입고 이 땅에 내려오심으로, 즉 인간성을 취하심으로 우리와 하나되셨다. 이것은 그리스도와의 연합에 있어 객관적인 면이라고 할 수 있다. 하나님이 우리를 위해 행하신 것을 나타내기 때문이다. 그리스도와의 연합에 있어 주관적인 면은 선물로 주신 성령을 통해 우리 안에서 실현되는 것을 말한다. 이것은 하나님이 우리 안에서 행하시는 일이다. 따라서 그리스도가 우리 안에 계시므로 우리는 그리스도 안에 있다고 말할 수 있다. 왜냐하면 그 두 가지는 상호보완적이며 서로 관통하기 때문이다.

전통적인 신학도 우리가 지금 논하고 있는 사실을 '그리스도와의 연합'이라고 부른다. 우리는 그런 연합을 통해 주님의 거룩하고 순종적인 삶의 축복을 같이 누릴 수 있게 된다. 칼뱅은 그것을 실제적이고 본질적인 연합이라고 불렀다. 그런 본질적인 연합은 다시 그리스도가 누리는 의로움, 거룩함, 새로워짐이라는 축복도 공유할 수 있는 바탕이 된다. 그러나 이 세상을 위해 하나님이 주시는 그리스도의 사역에 동참하지 않는다면 우리는 계속해서 의롭고 거룩하고 새로워지는 삶을 살 수 없다. 그리스도의 인간성과 친교를 공유함으로써 우리는 예수님께 주어진 세상을 위한 사역과 그분의 생명을 공유하게 되는 것이다.

## 깨지지 않는 연합

나는 책상 앞에 앉아 이 글을 쓰고 있고, 당신은 의자에 앉아 이 글을 읽고 있다. 지금 현재 우리 존재의 가장 근원적인 진실은 우리가 하나님의 생명을 공유했다는 사실이다. 비록 정확하지는 않지만 어느 정도 근접할 만한 공간적 비유를 들자면 그리스도와의 연합이 은혜 안에서 우리를 위와 밖으로 향하게 만들어 준다. 그리스도인의 삶은 성령의 은혜인 그리스도와의 연합에서 모든 것이 비롯된다.

그리스도와의 깨지지 않는 연합이 그리스도인의 삶, 교회의 정체성과 목적을 말해 주는 실제적인 표징이다. 처음부터 그리스도인과 교회가 존재하기 위한 필요불가결의 실제적 조건이 바로 그것이라고 할 수 있다. 따라서 결론은 불가항력적이다. 사역은 오직 하나, 예수 그리스도의 사역밖에 없다. 그리스도와의 연합을 통해 우리는 그 사역을 공유한다. 성령이 우리와, 그리고 교회와 함께하시고 그 머리되는 그리스도와 연합해서 우리를 그리스도께 연결시키고 성부와 나누는 그분의 친교를 공유하게 하시고 아버지가 주시는 사명도 공유하여 세상에 그분을 증언하게 하신다.

그렇기 때문에 그리스도와의 연합은 모든 그리스도인의 믿음과 삶을 구성하는 핵심 교리로 이해해야 한다. 이것이 모든 신념과 믿음의 행위에 영향을 미치는 기본 신념이다. 어느 모로 보나 우리는 우리 자신의 경건함, 믿음, 선행, 지식으로 인해 하나님 앞에 서 있는 것이 아니다. 성령이 우리를 예수 그리스도께 결속시켰기 때문에 우리는 그분이 소유한 모든 것을 함께 누리는 것이다. 그분 안에서, 그리고 그분을 통해서 우리는 하늘 아버지의 자녀가 되었고 하나님 안에서, 하나님 앞에서, 하나님으로부터의 예수님의 생명을 공유하게 되었다. 그리스도인의 삶과 믿음은 그 이하가 되어서는 안 된다. 우리는 오로지 그리스도의 이름으로 하나님 앞에 서고, 오로지 그리스도의 이름으로 예배하고, 오로지 그리스도의 이름으로 섬길 뿐이다.

## 핵심적 진리

지금까지 이 책에 기록한 모든 내용은 갈라디아서 2장 20절의 "내가 아니라 그리스도"에 들어 있는 신학적 의미로 압축될 수 있다. 이것은 모든 실천 신학의 핵심이다. 그 메시지는 (1) 그리스도의 대리 인간성과 사역 (2) 그리스도와의 연합으로 말미암아 우리가 그분의 인간성과 사역을 공유하게 되었다는 것이 우리가 믿는 복음이다.

토마스 F. 토렌스는 이렇게 말했다. 예수 그리스도 안에서 모든 인간이 보이는 반응이 "성부의 뜻에 응해서 순종의 삶을 사신 그분의 삶에 의해 붙잡히고, 거룩해지고, 깨닫게 되는 것임을 알아야 한다. 그것들은 사실상 우리 가운데 사셨던, 성부께 바쳤던, 우리 인간의 존재와 본질에서 발단된 그리스도의 삶에 분해할 수 없을 만큼 결속되어 있어서 그것들을 우리에게 부어 주신 성부의 사랑을 향한 우리의 반응이고 그 반응은 성령과의 연합 속에서 성자의 중개를 통해 우리가 보이는 반응이다"(「그리스도의 중개(*The Mediation of Christ*)」[Grand Rapids: Eerdmans, 1984], p. 108). 그리스도가 인간이 되신 것, 아울러 우리가 그리스도와 연합한 것의 결과는 너무도 엄청나서 사실상 다른 방식의 반응은 불가능하게 만든다. 다른 책에서 토렌스는 그 것을 자연과학의 페르마 법칙에 견줄 만한 신학이라고 말했다. 즉 한 가지 방식을 선택하는 것이 그 외 다른 모든 방식의 실효성을 사라지게 만드는 것이다.

## 우리의 허약한 예배

그리스도인의 신앙생활에서 그리스도와의 연합은 구체적으로 무엇을 의미하는가? 그리스도는 인간의 연약한 인간성 속에서 우리를 대신해 일하시고 그분의 신실하심을 우리에게 전해 주신다. 주님은 하나님의 진리인 동시에 믿음을 유지하는 인간이시다. 그리스도와의 연합을 통해서 우리의 믿음은 객관적인 근거에 의거하게 되며 우리를 위해 믿으시는 주님께 개인적인 근거를 갖게 된다. 우리의 믿음은 우리를 위해 그리스도 안에 계신 하나님의 신실하심에 달린 것이다. 우리는 믿음의 사명을 부여받은 사람들이지만 그런 방식을 통해 우리 자신이 아닌 그분의 신실하심을 의존하게 된다. 즉 우리 자신의 믿음을 의존하지 않고 우리를 위해 믿으시는 그리스도의 믿음을 의존하는 것이다.

예배 또한 마찬가지다. 예수 그리스도는 우리가 되어 하나님께 나아가시는데 그로 인해 모든 예배와 기도는 그분 안에 기반을 두게 된다. 하나님께 나아가려는 모든 노력이 예수 그리스도의 이름과 의미 안에서 이루어지고 우리는 그 안에서 그리스도가 성부와 나누는 친교를 의지하게 된다. 그리스도는 성육신으로 자신을 우리에게 결속하셨고 오순절로 우리를 자신에

십자가의 *목회* :우리의 야심을 버리고 그리스도를 섬기는 법

게 결속하셨다. 그 모든 일 속에서 주님은 우리의 허약한 예배를 도와주셨다. 주님은 자신을 하나님께 바침으로써 또한 모든 피조물의 예배를 바치셨고 성부와의 친교를 공유하게 하셨다.

## 별개의 사역이 아니다

성자가 성부로부터 파송을 받았듯이 교회는 성부가 예수 그리스도께 주신 이 세상을 향한 사명을 공유한다. 그리스도와의 연합 안에서 우리는 하나님께 헌신하고 세상에서 하나님이 주신 사명에 헌신한다(이 말은 스코틀랜드의 위대한 신학자 존 M. 캠벨이 쓴 「대속의 본질(The Nature of the Atonement)」 (1856)에 나오는 문장을 약간 수정한 것이다). 교회의 사역은 그리스도의 사역과 다르거나 동떨어진 사역이 아니다. 교회에서 하는 사역의 근원적인 형태와 내용은 예수님의 사명과 종의 정신에서 말미암는다.

오늘날 예수 그리스도의 대리 인간성으로서의 승천 후 사역과 우리를 그리스도의 현재 사역에 묶어 주는 성령의 사역이 목회자들의 목회 안에서 대부분 상실되어 버렸다. 그 결과 다음의 두 가지 문제가 발생했다. 첫째는 예수님의 도덕적 영향력에만 반응하는 사역의 붕괴가 일어났고, 둘째는 신학적 기반이 모호한 온갖 프로그램, 전략, 요령 등이 등장해서 사역을 축소시켜 버린 것이다. 예수 그리스도의 지속적이고 현존하는 사역이 상실되면 우리가 갖고 있는 자원에만 의지할 수밖에 없고 사역은 곧 우리가 하는 일이 되어 버린다.

## 혁신적인 사고의 전환

갈라디아서 2장 20절 말씀을 토대로 한번 진지하게 생각해 보라. 우리의 믿음, 예배, 사역의 기반이 예수님의 믿음, 예배, 사역이라는 것은 과연 무슨 의미인가? 우선 여기에서는 두 가지로 설명할 수 있는데 하나는 신학적이고 다른 하나는 실용적인 설명이다.

첫째로, 나는 반율법주의(antinomianism)의 위험성을 감지하고 있다. 예수 그리스도께 모든 것이 달려 있지만 여전히 우리는 믿음과 예배와 사역의 사명을 받은 사람들이다. 제자 삼기의 명령도 취소된 것이 아니다. 우리의 헌신은 성령에 의한 것이다. 우리가 의지하는 것은 예수님의 믿음과 예배와 사역이지 우리의 그것이 아니다. 주님의 대리 '아멘'에 우리도 '아멘'으로 당연히 화답해야 한다. 모든 일에 있어서 응당 '내가 아니라 그리스도'가 되어야 한다.

둘째로, 오랜 세월 학생들을 가르쳤지만 언제나 이 주제를 가르치기가 가장 힘들다. 단지 개념이 어려워서가 아니라 본능에 반하는 뭔가가 있기 때문이다. 명석한 학생들은 강의 내용을 알아듣는 데 큰 문제가 없다. 다만 문제는 그들의 사고와 의지와 마음 자세를 바꾸는 일이다. 우리의 내면적 존재가 성령 안에서 그리스도에 의해 붙잡혀 있음을 알아야 성부께 순종하고, 친교를 나누고, 사명을 수행하시는 예수님의 그 순종과 친교와 사명 수행을 우리도 공유할 수 있는 것이다. 내 경험상 목회를 어느 정도 하고 그 고충을 아는 사람들이라야 "내가 아닌 그리스도"라는 혁신적인 사고의 전환이 이루어지는 것 같다.

## 설교: 갈라디아서 4장 6절

당신은 새해 결심을 해 본 적이 있는가? '올해는 꼭 살을 빼겠다, 그러기 위해 규칙적으로 운동을 하겠다'라든가 '한 시간 일찍 일어나서 스와힐리어를 공부하겠다'라는 등의 새해 결심 말이다. 물론 그 결심을 끝까지 실행하는 사람은 매우 드물다. 새해 들어 야심차게 작성한 계획표도 1월 중순이면 휴지조각이 되는 일이 비일비재하다.

스코틀랜드에서는 새해가 되면 큰 잔치를 벌인다. 나는 어린 시절 섣달 그믐이라고 부르던 새해 전날의 추억을 잊지 못한다. 일 년 중 가장 큰 명절이었기에 성탄절을 능가하는 성대한 축제들이 열리곤 했다. 당시에는 '새해 첫 방문'이라는 풍습이 있었는데 마치 내 고향 에든버러에 사는 모든 사람들, 그러니까 50만이나 되는 사람들이 서로의 집을 들락거리느라 제 정신이 아닌 것처럼 보였다. 많은 사람들이 평소의 옷 속에 노란 색의 액체(위스키를 의미함-역주)가 든 병들을 넣고 다녔다.

섣달그믐날과 설날은 매우 특별한 날이었다. 스코틀랜드인들은 새해 들어 처음으로 만나는 사람에게 원래 아는 사람이라도 악수를 하고 자신을 소개한다. 새로운 해이기 때문이다. 나는 다시 새로운 삶을 사는 것이고 그래서 새로운 나를 그에게 소개하는 것이다.

스코틀랜드인들이 새해가 될 때마다 자신을 다시 소개하는 것이 우스운 풍습이듯 미국인들의 새해 결심도 어리석기는 마찬가지다. 어느 것도 진실하다고 할 수 없다. 어느 목사는 이런 신념을 갖고 있다. "인간은 변하기 힘들다. 오로지 안 변하는 이유를 점점 더 교묘하게 찾아낼 뿐이다." 이런 풍자시도 가슴을 뜨끔거리게 한다. "지금의 내가 되기 전에 내가 바라는 사람이 되었다면 얼마나 좋았을까." 우리는 오랜 습관을 버리지 못하고, 오랜 좌절에서 헤어나지 못하고, 오랜 생활 방식을 개선하지 못하고, 오랜 죄와 일상을 쉽게 벗어던지지 못한다. 마치 우리 두뇌의 하드웨어 안에 그 모든 것이 내장되어 있는 것만 같다. 그것들이 너무도 깊이 뿌리내리고 있어 바꿀 만한 힘이나, 용기나, 의지를 발휘하지 못한다.

## 하나님이 개입하시다

변화는 어렵다. 커다란 변화일수록 더 어렵다. 어떤 면에서 우리는 약간의 나쁜 버릇을 즐기는 경향마저 있다. 그래서 하나님은 우리에게 복음을 주신 것이다.

하나님께 용납받기 위한 변화가 우리 손에 달린 것이라면 우리에게는 희망이 없다. 말씀이 육신이 되어 은혜와 진리가 충만한 가운데서 이 세상을 살아가셨다. 그때 그분은 우리의 타락하고 사악한 인간성의 중심 속으로 들어오신 것이다. 말하자면 인간의 철저한 무력함 속으로 들어오셨던 것이다. 하나님은 최악인 인간들에게 오셔서 그 가운데 거하셨다. 가장 사악한 상태의 인간이건만 그래도 사랑하셔서 인간 예수가 되어 우리의 마음과 정신과 의지를 구부려 그분과의 친교를 다시 회복해 주셨다.

우리가 처한 상황은 소망이 없는 것이었다. 아무리 굳은 새해 결심을 하고, 경건한 삶을 살려고 노력하고, 도덕성과 영성을 최대한 하나님께 향하려고 발버둥쳐도 모두가 부질없는 짓에 불과했다. 그렇게 완전한 낭패에 빠져 있을 때 하나님이 움직이셨다. 그리스도 안에 계신 하나님이 타락한 인간의 비참한 구덩이 속으로 들어오셨다. 잃어버린 인간들을 그리스도가 되찾고서 "우리로 사랑 안에서 그 앞에 거룩하고 흠이 없게" 해 주셨다(엡 1:4).

## 하나님이 아들을 보내시다

이 모든 것이 얼마나 놀랍고 획기적인 일인가를 우리는 제대로 알아야 한다. 바울은 이렇게 말했다. "이 세상의 초등학문 아래에 있어서 종 노릇 하였더니"(갈 4:3). 이것은 상당히 에둘러 표현한 성경 언어다. 직설적으로 말하면 우리가 영적으로나 도덕적으로 나쁜 상태에 있었다는 말이다. '종 노릇'이란 강력한 단어다. 우리에게 자유의 권한이 없고 자유의 소망도 없음을 말해 준다.

성경적이고 신학적인 이유로 나는 인간의 자유란 것이 환상에 불과하다고 생각한다. 하나님 밖에서는 참된 자유란 없다. 정치적이고 경제적인 구조 속에서 자유처럼 보일지는 몰라도 그것은 참된 자유가 아니다. 우리는 조지 부시에게 투표할 수도 있고 존 케리에게 투표할 수도 있다. 혹은 세금을 더 물리기도 하고 덜 물리기도 한다. 펩시콜라를 마실지 코카콜라를 마실지, 라마다 호텔에 묵을지 홀리데이 호텔에 묵을지, 고기를 먹을지 생선을 먹을지도 우리 선택에 달려 있다. 그러나 마음 깊은 곳에는 오직 적그리스도라는 마귀의 권세에 종이 되어 살아가는 어둠만이 있을 뿐이다.

그런 상황에서 우리는 하나님의 놀라운 해결책을 읽게 된다. "하나님이…보내사"(갈 4:4). 그것은 우리 인간이 훌륭하고, 경건하고, 사랑스러워서가 아니었다. 그저 하나님 자신을 위해 그분이 우리를 원하셨기 때문이었고 우리가 그분께 나아갈 만한 상태가 전혀 아니었기 때문이었다. 인간에게는 하나님께 나아갈 아무런 능력이 없었다. 그래서 하나님이 보내신 것이다!

그럼 하나님이 누구를 보내셨는가? "그 아들을 보내사 여자에게서 나게 하시고 율법 아래에 나게 하신 것은"(갈 4:4). 하나님이 자기 스스로를 보내셨다. 그분이 우리같이 되어서 여자에게서 나시고 율법 아래서 나셨다. 그것이 바로 누가복음에 나오는 시므온과 안나 이야기의 요점이다. 순종의 명령은 이행되었다. 우리가 이행한 것이 아니라 우리를 위해 이행된 것이다. 마리아와 요셉, 아기 예수라는 방편을 빌려서 율법의 명령이 이행되었다.

하나님이 보내셨다. 어둠 속으로 빛이 들어왔다. 소망이 없는 곳에 소망이 생겨났다. 창조주이자 말씀인 분이 그분을 모르는 자신의 백성들에게 내려오셨다. 언제나처럼 무조건적으로, 일방적으로, 그분의 시간대에 맞추어 그분의 식대로 내려오셨다. '때가 찼다'(갈 4:4)는 표현은 똑딱거리는 시간 이상의 의미가 있다. 그것은 하나님의 때, 하나님 자신이 선택한 때를 말하는 것이다. 그 때에 하나님이 보내셨다.

예수님은 가난한 사람들 중에서도 지독히 가난했던 미혼의 시골 처녀에게서 태어나셨다. 성화된 상상력이 없는 서양인이라면 아마 그 시간에 말구유에서 우리를 위한 우주적 전쟁이 일어났음을 눈치채지 못할 것이다. 그것은 하나님의 사랑 대 마귀의 사악함이라고 마틴 루터는 해석했다. 예수님의 죽음은 악이 그분에게 쏟아 부을 수 있는 최악의 것들이 죽었음을 의미했다. 그럼으로써 승리는 이루어졌다. 셋째 날에 그분이 부활하셨으니까.

## 진정한 해방

도저히 빚 갚을 능력이 없는 자들을 대신해 빚을 갚아 주고 도로 사기 위해 하나님이 아들을 보내셨다. 그것은 진정한 해방이었다. 태어날 때부터 하나님과 분리된 인간들에게 그때까지 없었던 미래가 생겨났다. 이전의 우리는 자유로운 남녀가 아니었고 어둠의 세력에 묶여 있던 구금자들이었다. 그런 우리를 악에서, 그 악한 세력에서, 소망 없는 상태에서 구출하고 도로 사기 위해 하나님이 보내신 것이다.

하나님이 그의 아들을 보내셨다. 바울은 곧바로 결론으로 건너뛰었다. "율법 아래에 있는 자들을 속량하시고 우리로 아들의 명분을 얻게 하려 하심이라"(갈 4:5). '아들의 명분'으로 번역된 헬라어는 '아들'과 '지위를 주다'라는 두 개의 단어로 이루어져 있다. 악한 영에게 붙들려 집도, 가족도, 이름도 없었던 우리는 하나님이 그분의 아들을 보내 주신 덕분에 이제 종이 아닌 자녀의 위치에 오르게 된 것이다.

내가 이 책에서 주로 인용하고 있는 NRSV(The New Revised Standard Version) 성경은 그 헬라어를 '자녀'(child) 혹은 '자녀들'(children)이라고 번역했는데 그 결과 매우 중요 사실 하나를 잃었다고 생각한다. 원래 이 단어는 '아들(혹은 자식)'과 '아들됨(혹은 자식됨)'을 이르는 말이다. '아들의 명문'이라는 헬라어도 사전적 의미로는 "자식됨"이라는 뜻이다. 사실은 헬라어 문장 전체가 '휘오스'(아들 혹은 자식)를 기반으로 한 언어유희라고 볼 수 있다. 여기에서는 아들, 딸의 성별을 따지는 것이 아니라 하나님으로부터 오는 관계를 우리가 받아들이는 것과 모든 것이 전적으로 하나님의 역사임을 말하는 것이다. 헬라어 문장과 언어유희가 뜻하는 것은 그리스도 안에서 우리가 신학적 정체성을 갖게 되었고 태생적인 아들과 딸들이 되었다는 것이다. 하나님의 아들이라는 예수님의 신성한 정체성을 우리가 공유하지 못한다면 우리는 결코 사랑받는 자로서 하나님께 나아갈 수 없고 하나님의 가족에 속할 근거도 사라지고 만다.

## 하나님이 성령을 보내시다

우리가 예수 그리스도 안에 있어 그분의 생명을 공유하게 되었고, 하나님께 속한 성자 예수님처럼 우리도 하나님께 속해서 그분의 아들되심을 공유했기 때문에 하나님은 다시 한 번 보내셨다. 그것은 하나님의 두 번째 파송이었다. "하나님이 아들의 영을 우리 마음 가운데 보내사 아빠 아버지라 부르게 하셨느니라"(갈 4:6). 우리는 하나님의 거룩하신 이름을 부를 수 있게 되었다. 더 이상 종이 아니라 하나님 가족의 일원이며 하나님을 이름으로 부를 수 있는 자격이 생긴 것이다. 이제 우리에게는 하늘의 성부가 계시다! 장 칼뱅은 이것을 가리켜 인간이 육신의 어리석음 속에서 믿는 사실이 아니라 하나님이 인간의 마음속에 선포한 사실이라고 설명했다.

## 하나님이 하나님을 부르시다

하나님을 부르는 분이 하나님 자신이라는 사실을 알고 있는가? 하나님이 그분의 영을 보내 주셔서 우리는 "아빠! 아버지!"라고 부르게 되었는데 사실은 그것이 하나님이 우리의 성대를 도구삼아 스스로를 부르는 소리다. 인간의 영적 무능을 대신해 하나님이 하나님의 이름을 부르고 계신 것이다. 우리는 그분의 이름을 부를 만한 존재도 못 되기에 하나님이 우리를 위

십자가의 **옥죄** : 우리의 야심을 버리고 그리스도를 섬기는 법

해 우리의 목소리를 빌어 대신 불러 주신다. 하나님이 우리의 입술을 빌려 '아빠! 아버지!'라고 부르시면 그것은 우리가 하나님 가족의 일원이 되었다는 변할 수 없는 사실의 확증이 된다.

오로지 사랑하는 성자만이 성부의 이름을 부를 수 있다. 오로지 그분만이 하나님의 아들이기 때문이다. 그러나 이제는 우리도 그분과 연합하여 그분의 아들됨을 공유하게 되었다. 그것은 주님이 특별하게 일방적으로 우리에게 주신 것이다. 성부의 이름을 부를 수 있는 분은 성자뿐이었지만 성자의 영을 받은 우리는 그분과 연합함으로써 하나님의 이름을 부를 수 있게 되었고, 또 그 이름을 불러야만 한다. 알고 보면 하나님의 뜻에 부응하는 우리의 반응도 결국은 하나님이 해 주시는 것이다.

에든버러 출신의 종교개혁가 존 녹스(John Knox)는 예수 그리스도가 우리의 입이 되셔서 그분으로 말미암아 우리가 하나님과 이야기할 수 있게 되었다고 말했다. 아마도 녹스는 갈라디아서 4장 6절을 염두에 두고서 그렇게 말했을 것이다. 하나님의 이름을 부른다는 사실은 우리가 하나님께 입양되어 그분의 가족이 되었으므로 하나님과 친밀한 관계를 맺을 수 있음을 입증한다. 그것이 바로 그리스도와의 연합이 갖는 실제적인 의미인 것이다. 이 의미가 단적으로 표현되어 있는 것이 주기도문이다. 주기도문은 우리의 기도가 아니라 주님이 아버지라 부르셨던 바로 그분에게 바치는 친밀한 기도다. 주님은 "하늘에 계신 나의 아버지"라고 부를 수 있었다. 그러나 이제는 우리도 그리스도와의 연합을 통해 하나님의 가족이 되었으므로 "하늘에 계신 우리 아버지"라고 주님의 기도를 우리 기도처럼 할 수 있게 된 것이다.

## 변함없는 입양 사실

아무리 새해 결심을 많이 어겼어도, 아무리 신앙생활이 약하고 흔들려도 우리의 입양 사실에는 하등의 변함이 없다. 그 이유는 신실하신 하나님이 스스로 선택해서 행하신 일이기 때문이다. 하나님은 자신의 아들을 이 세상에 보내셨다. 심지어 하나님의 뜻에 부응하는 것조차 우리를 위해 하나님이 직접 해 주셨다. 이제 우리는 하나님이 하신 일에 얹혀가는 것뿐이므로 기쁨과 확신을 갖고 이렇게 말할 수 있다. "하나님이 그 아들의 영을 우리 마음 가운데 보내사 아빠 아버지라 부르게 하셨다!"

그러니 당신은 영원히 하나님의 사랑을 받기 위한 대상으로서 선택받은 사람임을 마음에 확신하고 즐거워하라. 당신이 그리스도와 연합함으로써 그분의 아들됨을 함께 누리게 되었다는 사실을 믿으라. 당신은 더 이상 종이 아니라 소중한 하나님의 가족이 되어 하나님의 이름을 마음껏 부를 수 있게 되었으니 그 특권을 마음껏 누리며 살아가라. 그것은 모두가 하나님의 일방적인 선택이었고 역사였다. 당신은 하나님 나라의 상속자가 되었기에 그곳의 모든 권리와 특권이 전부 당신에게 속해 있다. 당신이 받을 유산은 영원히 사라지지 않는다. 그리스도와의 연합이 의미하는 것이 바로 그런 것이다.

## 신학적 주석: 요한복음 15장 1-11절

스코틀랜드에서 태어난 나는 1978년에 미국에 건너와 지금까지 살고 있지만 여전히 영국 국적을 유지하고 있다. 그런데 가끔은 내가 실향민처럼 느껴질 때가 있다. 미국도 내 고향이 아니고 떠나온 영국도 예전의 영국이 아

십자가의 **목회** : 우리의 야심을 버리고 그리스도를 섬기는 법

니다. 내가 요한복음 15장 1-11절의 말씀을 신약의 어느 말씀보다 자주 설교에 인용하는 까닭도 어찌 보면 나의 본향, 내가 속한 곳을 말해 주기 때문일 것이며 그리스도의 기쁨에 참여할 절정의 순간이 무척이나 나를 설레게 하기 때문일 것이다.

> "나는 참 포도나무요 내 아버지는 농부라 … 내 안에 거하라 나도 너희 안에 거하리라 가지가 포도나무에 붙어 있지 아니하면 스스로 열매를 맺을 수 없음 같이 너희도 내 안에 있지 아니하면 그러하리라 … 나를 떠나서는 너희가 아무 것도 할 수 없음이라 … 너희가 열매를 많이 맺으면 내 아버지께서 영광을 받으실 것이요 너희가 내 제자가 되리라"(요 15:1, 4, 5, 8).

나는 어디에 거하는가? 나는 내가 그리스도 안에 거한다는 사실을 기뻐한다. 한편으로는 내가 실향민이라는 것이 감사하기까지 하다. 애국심이니, 국수주의니 하는 무거운 짐들에 얽매일 필요가 없으니 말이다. 스코틀랜드에 진한 향수를 느낄 때도 있지만 적어도 머리가 맑은 날에는 그곳이 약속의 땅이라고 생각하지 않는다. 나는 내가 스코틀랜드에도, 미국에도 속하지 않은 이 땅의 나그네임을 자각하고 있다. 그런 자각이 있기에 그리스도 안에서 내 집을 갖게 된다는 신학적으로 합당한 생각이 더 의미 있게 와 닿고 정서적 만족감을 주는 것이다.

## 포도나무에 접목되다
요한복음 15장 1-11절은 자연의 이치를 비유로 들어 그리스도와의 연합이라는 주제의 색다른 측면을 보여 주고 있다. 말하자면 하나님 아버지가 참 포도나무인 예수 그리스도께 우리를 접목해서 그분으로부터만 정체성과 존재의 본질과 자양분을 취하게 만든다는 것이다. 사실 이 비유는 굉장히 의미심장하다. 어느 누구도 일부분만 나무에 접목될 수 없다. 전부 다 접목되든지 아니면 아예 접목되지 않든지 둘 중 하나만이 가능하다. 아울러 이 나무 저 나무에 접목될 수도 없다. 우리가 접목되는 나무는 특정한 포도나무이어야 한다. 예수님은 "나는 참 포도나무요"라고 말씀하셨다(요 15:1).

원예에서의 이치가 신학과 신앙생활에도 똑같이 적용된다. 가지는 자기 혼자서 포도나무에 접목될 수 없다. 포도나무를 키우는 사람이 접목을 해 주어야 한다. 접목된 가지는 포도나무의 생명력을 얻어 살아간다. 우리는 그리스도에게 접목됨으로써 신앙생활을 하며 성숙하게 된다. 하나님의 접목해 주심을 통해 새로워진 자아로서의 삶을 살아가는 것이다. 바울이 즐겨 사용했던(무려 164번이나!) 표현대로 우리는 '그리스도 안에서' 살아가야 하는 것이다.

## 건강한 과실수

포도나무에 붙지 못하면 우리는 죽는다. 열매 맺지 못하는 가지는 불에 태워질 수밖에 없다. 그러나 포도나무에 붙어 있으면 열매를 맺게 된다. 포도나무와 접목된 가지가 모두 건강하고 튼튼하다면 가지는 포도열매를 맺지 않을 수가 없다. 그리스도와 연합하여 그리스도에게 접목된 우리는 열매를 맺을 것이다. 우리가 열매를 맺는 과실수가 되면 자연히 사람들은 우리가 그리스도인임을 알아볼 것이다. 열매 없이 '나 홀로' 살아가는 그리스도인이란 있을 수 없다. 열매를 맺고 구속력을 발휘하는 것은 포도나무의 사역

십자가의 **목회** :우리의 야심을 버리고 그리스도를 섬기는 법

이지 가지가 할 수 있는 일이 아니다. 포도나무에서 떨어진 가지는 한데 모아서 불사르는 데만 적합할 뿐이다.

　예수님은 이렇게 말씀하셨다. "나를 떠나서는 너희가 아무 것도 할 수 없음이라"(요 15:5). 목회에서 우리가 저지르는 독단적 행태에는 아무런 변명의 여지가 없다. 열심히 일하고, 훌륭한 설교를 하고, 교회 행정을 유능하게 처리하고, 아프거나 우울하거나 슬프거나 외로운 교인들을 부지런히 심방하고, 온화하고 원만한 사교성으로 교인들에게 인기를 얻고, 교회를 더 크게 성장시키는 것이 목사가 해야 할 목회의 전부가 아니다. 그리스도 안에 거하지 않으면 사실상 우리에게 목회란 없다. 목회 가방 속에 아무리 유용한 도구가 가득해도, 교회 일에 피와 땀과 열정과 온몸을 다 바쳐 헌신해도, 그리스도를 떠난 목사는 아무 것도 할 수가 없다.


## 우리의 의무는 무엇인가?

포도나무에 접목이 되고 그리스도와 연합했다면 우리가 해야 할 의무는 무엇인가? 그리스도와의 연합과 목회자의 사역이 어떤 연관성을 갖고 있다는 말인가?

　미국의 트라피스트 수사이자 영성 집필가였던 고(故) 토마스 머튼(Thomas Merton)은 「새 명상의 씨」(가톨릭 출판사 역, 2005년)라는 책에서 이렇게 말했다. "사과가 어떻게 익는가? 태양 아래서 햇볕을 받으며 익는다." 그것이 그리스도인의 영적 성숙에 대한 머튼의 비유였다. 우리는 그리스도 안에 거하고, 그분 안에서 쉬고, 그분만을 우리의 거처로 삼아야 한다. 얼마나 간단하고 쉬운 일인가! 우리는 그저 우리 본연의 모습으로 살아가면 된다. 다른 누구가인 것처럼 가장하며 살 필요가 없다. 다른 사람이 되려고 하거나 그리스도에게 접붙인 대로 살지 않고 다른 방식으로 살려고 하면 불같은 재앙이 우리를 기다리고 있을 뿐이다.

신앙생활에 있어 가장 어려운 일 중의 하나는 어떤 면에서 우리가 해야 할 일이 아무 것도 없다는 사실을 깨닫는 것이다. 아무리 투철한 신앙생활을 해도 그 자체가 우리를 포도나무에 접목시키지 못한다. 어떠한 선행과 미덕도 현재 우리가 그리스도와 연합한 것보다 더 강하게 연합시켜 주지 않는다.

우리가 진지하게 따져야 할 문제는 오로지 그리스도와 연합한 우리가 어떤 존재인가를 아는 것이다. 그리스도 안에서 우리 본연의 모습으로 산다는 것은 스스로를 정당화했던 낡은 자아를 십자가에 못박는 것을 의미한다. 그리스도와 별개의 삶을 살았던 이전의 모습이 아니라 그리스도와 연합한 본연의 모습으로 살아갈 때 사고와 의지의 변화(메타노이아)가 일어나며 삶이 달라진다.

여기에서 한 가지 주의할 것이 있다. 이 시점에서 기독교 신앙은 자칫 소극적으로 흐를 가능성이 있다. 우리가 익히 아는 대로 'mortification'(금욕, 혹은 고행이라는 뜻–역주)은 자아를 죽이고 십자가를 지려고 애쓰는 행위를 말한다. 전통적인 기독교 신앙관은 너무도 자기혐오와 흡사한 사상으로 점철되어 있다.

우리는 그리스도와 하나되었다. 이것은 하나님의 일방적인 사랑과 자비와 은혜의 역사로 이룩된 것이다. 예수님이 우리를 그분의 것으로 선언했기 때문에 우리는 하나님께 속한 자가 되었다. 하나님이 우리를 일방적이

십자가의 **목회** : 우리의 야심을 버리고 그리스도를 섬기는 법

며 무조건적으로 사랑하시므로 우리도 이제는 자기 자신을 깊이 사랑해야 마땅하다. 감상적으로 하는 말이 아니라 그것이 진실이다. 우리는 그 진실에서 출발해야 한다. 우리에게는 자기혐오가 들어설 자리가 없다.

## 전환, 변화, 개선

그리스도께 접목된 사람들로서 우리에게는 풀어야 할 숙제가 있다. 앞서 잠시 언급한 대로 우리는 세 가지를 유념해야 하는데 그것은 사고의 전환, 의지의 변화, 삶의 개선이다.

**1. 사고의 전환:** 하나님에 대한 잘못된 생각은 삶과 목회에서의 혼란을 야기한다. 하나님을 잘못 알고 있으면 그것이 결국은 잘못된 삶과 사역으로 이어진다. 그리스도 안에서의 성숙이란 신학적 정확성을 발달시키는 과정이다. 목회자들이 교인들에게 줄 수 있는 가장 큰 선물은 진지한 신학자가 되는 것이다. 그렇다고 신학박사 학위를 받으라는 것이 아니라 하나님을 더 깊이, 제대로 아는 일에 헌신하라는 뜻이다. 목사는 하나님을 공부하는 학생이 되어서 기도와 철저한 공부로 예수 그리스도가 하나님의 구원이라는 신비 속으로 깊이 들어가야 한다. 신학 공부는 힘든 지적 노동이기 때문에 혼란의 정글을 피해 지름길로 가고 싶은 충동이 일어날 것이다. 사실대로 말하자면 지속적인 사고의 전환 없이 예수 그리스도를 주님으로 신실하게 전파할 수 있는 길은 없다.

**2. 의지의 변화:** 잘못된 논리를 바로잡는 일은 그래도 쉬운 편이

다. 그리스도인으로서 합당치 못한 욕구나 동기를 바로잡는 일이 훨씬 더 어렵다. 양육이란 욕구와 동기의 근원적 문제를 다루는, 힘들기로 악명 높은 과정이다. 인간에게는 영악하기 그지없는 합리화의 기제가 있고 도덕적 시야를 가려 주는 가리개들이 있다. 게다가 우리의 약점을 우리보다 더 잘 아는 듯한 마귀들의 공격도 받게 된다. 그럴 때 우리는 경각심을 갖고 불굴의 의지를 발휘하여 눈과 귀를 지키고, 상상력을 훈련하고, 도움이 될 만한 책과 예술을 가까이해야 한다. 인간의 의지는 휘어지기 쉬워서 언제나 보호와 인도를 필요로 한다. 의지를 성숙시키기 위한 노력은 날마다 거르지 말아야 할 그리스도인의 일과가 되어야 한다.

내가 잘 아는 기독교 강사이자 저술가인 어느 유명 목사는 집에 텔레비전이 없다. 인터넷도 사용하지 않는 것으로 알고 있다. 그렇다면 지금 이 책을 읽고 있는 당신의 경우 의지를 지키고 인도받기 위해, 그래서 그리스도 안에서 더욱 성숙하기 위해 어떤 일이 필요하다고 보는가?


**3. 삶의 개선:** 우리는 내면만을 생각해서는 안 된다. 사적, 공적으로 하는 행동에도 신경을 써야 한다. 나는 로만 칼라(목 부분에 흰 깃을 단 성직자복—역주)를 하고 있을 때 더 얌전하게 운전한다는 사실을 알아냈다. 거칠고 난폭한 운전은 복음에 역행하는 일이다. 남을 무시하는 행위이며 위험한 일이기 때문이다. 더욱이 내가 목사라는 사실을 누구나 알 수 있는 경우에는 더 말할 나위가 없다. 난폭 운전을 극악무도한 죄라고 할 수는 없겠지만 언제 어디서나 성직자복을 입고 사람들 앞에 서 있는 것처럼 행동한다는 마음 자세를 가져야 한다. 우리는 모든 일을 하나님의 눈앞에서 행한다.

*십자가의 **목회** :우리의 야심을 버리고 그리스도를 섬기는 법*

그 사실을 협박으로 여기지 말고 다음과 같은 긍정적인 권면으로 받아들이라. "정의를 행하며 인자를 사랑하며 겸손하게 네 하나님과 함께 행하는 것이 아니냐"(미 6:8).

다음 장에서는 목회에서 실제로 해야 할 일들에 대해 살펴볼 것이다. 하나님께 영광을 돌리고 세상을 위한 예수 그리스도의 사역을 우리가 공유한다는 것은 구체적으로 무엇을 의미하는 것인가?

# 5장

# 핵심에 충실하라

– 오늘날의 목회

이 마지막 장을 쓰려고 마음을 다잡고 있을 때 우리 학교 졸업생인 한 여목사에게서 전화가 걸려왔다. 자신이 속한 교단의 지역 목회자 집회에서 말씀을 전해 줄 수 있겠느냐는 부탁이었다. 내가 어떤 주제로 설교하기를 원하느냐고 묻자 그녀는 기다렸다는 듯 짧지만 인상적인, 어떤 면에서는 동료 목사들을 자기 의(義)로 평가하는 듯한 대답을 들려 주었다. 그 대답에 의하면 그곳의 목사들은 목회를 어떻게 해야 하는지도 모르고, 교인 심방도 제대로 하지 않고, 하루하루 무엇을 해야 할지 무엇을 하지 말아야 할지 확고한 신학적 소신도 없다는 것이었다. 그래서 그녀는 나더러 그 모든 문제들을 바로잡아 달라는 것이었다. 단 한 번의 설교로!

자, 지금부터 우리가 살펴볼 주제는 이것이다. 목사는 대체 하루 종일 무엇을 해야 하는가?

## 목회 첫날의 추억

1979년 11월에 나는 작은 교회의 담임목사로 부임을 했다. 그곳은 펜실베이니아 주 피츠버그 시 외곽에 위치한 한적한 전원마을이었다. 교회에는 사무원도 없었고 사무실도 없었고 프로그램이나 기관들도 별로 많지 않았다.

본격적으로 목회를 시작했던 첫날의 기억은 지금 돌이켜 보아도 우습고 민망하기만 하다. 아내와 나는 보잘것없는 세간을 들고서 목사관으로 이사를 했고 방 하나를 서재 겸 사무실로 꾸며 내 책들을 그곳에 꽂아두었다. 아침 9시가 막 지났을 무렵 나는 로만 칼라가 달린 와이셔츠에 짙은 색 양복을 입고서 그 사무실 안으로 들어갔다. 그러고는 책상 앞에 앉아서 속으로 이런 생각을 했다. "이제 뭘 하지…?" 한 동안 그렇게 가만히 앉아 있자니 내 자신이 정말 바보같이 느껴졌다. 그러나 도무지 하루를 보낼 마땅한 방도가 떠오르지 않았다. 대학에서 학위를 네 개나 받고 세계적으로 명망 높은 신학자들 밑에서 공부한 내가 본격적인 목회를 시작하는 첫날에 목사 마네킹마냥 책상 앞에 멍하니 앉아서 허공을 쳐다보는 것 말고는 달리 할 일이 없었던 것이다.

그러다 잠시 후에 드디어 할 일이 생겨났다. 병원에 입원한 교인이 있음을 알게 되었고 자원봉사 교인이 주보에 실을 주일 설교 내용을 알려 달라고 했다. 또한 집에만 갇혀 지내는 중년의 여성도가 그날 오후에 자기 집으로 심방을 와 달라고(아니, 와야 한다고) 말했다는 것이다. 나중에 그 여성도는 내가 자신을 위해 기도해 주지 않았다고 장로들에게 불만을 털어놓았다. 나는 무엇을 어떻게 해야 할지 몰라 당황했을 뿐 아니라 솔직히 그 여성도가 두렵기까지 했다.

십자가의 **목회** : 우리의 야심을 버리고 그리스도를 섬기는 법

그 뒤 나는 펜실베이니아 주 클린톤에 있는 그 헤브론 장로교회에서 신앙심 깊고 참을성 많은 교인들과 3년 반을 함께 보내며 수많은 우여곡절 끝에 목사로서 내 역할을 조금씩 배우게 되었다. 그리고 1983년에 피츠버그 신학대학원에 교수로 임용되어(불쌍한 교인들에게는 정말 다행하게도) 목회 신학과 목회학을 가르치게 되었다. 지금도 나는 목사가 하루하루 무엇을 해야 하는 것인지 자신 있게 말할 수 없다. 비록 목회 신학에 관련된 책은 박사과정을 밟는 어느 누구보다도 많이 읽었고 심지어 그에 대한 글도 썼지만 말이다.

## 뒤죽박죽의 상태

처음 목회를 시작할 때부터 나는 목회 신학이라는 학문 자체가 목회 상담 이론이나 실천 과정에서 정체성을 찾을 정도로 심각하게 길을 잃은 상태임을 잘 알고 있었다. 물론 목회에 도움이 될 만한 많은 이론들을 가르치기는 했지만 실제적인 목회와 사역적인 면에 있어서는 내가 '비신학적 혼동'이라고 부르는 수박 겉핥기를 하고 있었다. 나는 일찍부터 이 분야를 총체적으로 개선해야 한다고 생각하고 있었다. 목양만이 아니라 일반적인 목회 사역도 심각하게 뒤죽박죽이 된 상태였다.

그 후 수년이 지나서 나는 한 가지 의문에 맞닥뜨렸다. 목회 사역을 기독교 사역으로 만드는 것은 무엇인가? 다시 말해 은혜(예수 그리스도)가 우리 가운데 임하고, 주님이 현재 하시는 사역을 우리가 공유한다는 차원에서 바라볼 때 목회란 과연 어떤 것이어야 하는가?

이 질문의 대답은 반드시 찾아내야만 하는 것이었다. 말하자면 예수 그리스도와의 연합과 그분이 하시는 모든 일의 차원에서 해답을 얻어내야만 했다. 1933년 독일 고백 교회가 채택한 바르멘 신학적 선언(The theological Declaration of Barmen)에는 아주 훌륭한 문구가 하나 있다. "성경이 우리에게 입증한 바와 같이 예수 그리스도는 하나님의 말씀이며 우리는 사나 죽으나 그 말씀을 듣고 신뢰하며 순종해야 한다." 얼마 못 가 독일에서는 디트리히 본회퍼(Dietrich Bonhoeffer)가 등장해 다음과 같은 명언을 남겼다. "도움을 받고 싶은 사람은 반드시 그리스도를 알아야 한다"(「목회학 총론(*Spiritual Care*)」, trans. Jay C. Rochelle [Philadelphia: Fortress, 1985], p. 36). 이보다 더 명쾌하고 단순한 해답이 어디 있겠는가!

## 구속력을 갖춘 유일한 사역

이 책은 목회 사역의 기독교적 정체성을 묻는 질문에 대답하려는 취지에서 쓴 것이다. '그럼 목사는 날마다 무엇을 해야 한단 말인가?'라는 질문에 최대한 명확한 대답을 해 주고 싶었다. 그러나 몇 가지 익숙한 신학적 단서들이 대답을 제한하고 있다. 먼저 핵심이 되는 내용들을 다시 짚어보겠다. 기독교 사역이란 오직 예수 그리스도 안에서, 예수 그리스도를 통해서, 예수 그리스도로서의 우리를 위한 하나님 사역을 가리킨다. 오직 그리스도의 사역만이 구속력을 갖고 있다. 신학적으로 어느 본질적인 차원에서 보더라도 그리스도의 사역에만 구속력이 있다. 그러나 만일 우리가 하는 사역이 중심이 되어 있다면 그 사역은 십자가에 못박혀야 한다. 다행히 우리는 성령의 은혜와 중재로 인해 살아 계시고 일하시는 예수 그리스도와 하나가 되었다. 그러므로 우리는 송구하게도 구속력을 갖고 있는 그분의 사역을 공유하게 되었다.

## 사역의 정체성과 실행

사역이 기독교 사역이 되어야 한다는 정체성의 문제는 어쩔 수 없이 교리적인 문제로 귀착된다. 교리란 결국 복음의 옷을 입고 계신 그리스도에 대한 교회의 해석이기 때문이다. 복음에는 콘텐츠가 있다. 그 콘텐츠는 우리를 위해, 그리고 우리와 함께 하나님의 사역을 하시는 예수 그리스도다. 기독교 사역으로서의 목회는 하나님의 사역을 공유하는 신학적 활동이다. 다른 말로 하면 하나님의 말씀/행동으로서 성부, 성자, 성령이신 성삼위의 역사 속에서 우리가 하는 사역의 정체성과 실제적 일들을 찾아야 한다는 말이다. 그러면 지금 우리가 살펴보고자 하는 주제의 외적인 면에서 그 말은 무엇을 의미하는가?

나는 여기에서 목회의 실제적인 조언이나 도움을 주려는 것이 아니다. 그런 것은 다른 데에서도 얼마든지 찾을 수 있다. 그보다는 목회와 사역을 신학적인 활동이라는 신학적 차원에서 살펴보고자 한다. 그러기 위해 목회의 실제 사역을 신학적 차원에서 아주 간단하게 논할 예정이다. 하지만 그에 앞서 그리스도 안에서 우리 목회자들이 처한 영적 상황부터 잠시 점검해 보기로 하자.

그리스도와의 연합에서 비롯되는 삶과 신앙 훈련에 매진하지 않는 목회자는 하나님의 일로 인간을 섬기고 인간의 일로 하나님을 섬기는(알렉산드리아의 아타나시우스가 했던 명언을 빌리자면) 그리스도의 섬김을 공유할 수 없다. 예수님이 무엇이라고 말씀하셨는가? "나를 떠나서는 너희가 아무 것도 할 수 없음이라"(요 15:5). 우리는 요한복음 15장 4절에 담겨 있는 명령형/직설법 문구를 명심해야 한다. "내 안에 거하라 나도 너희 안에 거하리라."

개인 기도, 성경 공부, 대중 예배, 기독교 공동체, 성찬 참여와 같은 일들은 열매 맺는 사역과 떼려야 뗄 수 없는 연관성을 갖고 있다(칼뱅은 그리스도와의 연합을 성찬의 특별한 열매라며 특히 성찬 참여를 강조했다). 과거 위대한 성직자들의 삶과 사역만 보아도 그런 연관성이 사실임을 누구나 알 수 있다.

나지안주스의 성 그레고리가 쓴 "폰투스로의 도피"(Flight to Pontus, 두 번째 설교 c. 380s)와 그레고리 대제의 「목회적 돌봄」(Pstoral Care, 590)과 같이 기독교 초기에 쓴 책들은 목회와 사역을 안내하는 고전이다. 두 가지 모두 영어로 된 책이 시중에 나와 있다. 영국의 청교도였던 리처드 백스터(Richard Baxter)의 책 「참된 목자」(크리스찬다이제스트 역간, 2001) 역시 경건한 삶과 사역의 관계를 알고자 하는 사람들의 필독서다. 특히 이 책은 사도행전 20장 28절을 토대로 한 목회의 신학적 고찰이라고 할 수 있다. "여러분은 자기를 위하여 또는 온 양 떼를 위하여 삼가라 성령이 그들 가운데 여러분을 감독자로 삼고 하나님이 자기 피로 사신 교회를 보살피게 하셨느니라." 그 밖에 1세기 전에 활동했던 남아공 목사 앤드류 머레이(Andrew Murray)의 책들도 일독을 권한다. 그 책들에서 머레이 목사는 그리스도의 제사장직과 목회자 개인의 거룩함, 목회 사역 간의 관계를 명료하고도 설득력 있게 설명하고 있다. 오늘날 우리 시대의 집필가로는 유진 피터슨(Eugene Peterson)을 꼽지 않을 수 없다. 그의 독보적인 책들은 개인의 영성과 사역 간의 관계를 특유의 문장력과 통찰력과 일관성으로 풀어내어 독자들의 많은 사랑을 받고 있다.

십자가의 *목회* : 우리의 야심을 버리고 그리스도를 섬기는 법

## 기도로 돌아가라

형제자매들이여, 목사 사무실에서 나와 당신의 기도 자리로 돌아가서 잠시만이라도 일을 잊고 기도하라. 기도와 성경 공부와 신학 공부에 재헌신하라(계속해서!). 당신의 마음과 생각을 하나님의 뜻에 합당하게 바꾸어가라. 신앙의 조력자를 만나게 해 달라고 기도하고 당신의 삶과 사역이 하나님의 기쁨이 되기 위해 그로부터 도움을 받으라. 당신이 기쁘게 순종할 수 있도록 그의 격려와 조언에 힘입으라. 혼자서 길을 헤쳐가려고 하면 돌에 부딪쳐 넘어지거나 영적 나태와 무관심에 빠지기 십상이다. 안식일 휴식을 지키라. 당신은 분명 피곤할 것이다. 아울러 당신의 결혼식과 세례식에서 한 서약을 기억하고 그대로 실천하라. 당신이 가장 사랑하는 사람들과 많은 시간을 보내라.

요컨대 경건한 삶을 살기 위해 당신에게 있는 모든 자원을 창의적으로 동원해서 사용하기를 당부한다. 그리스도 안에 거하지 않으면 우리가 하는 일은 사역이 아니다. 헨리 나우웬이 말한 대로 우리가 하나님의 이름대로 살지 못한다면 우리는 하나님의 이름으로 사역할 수 없다.

## 과거, 현재, 미래적 측면

그러면 이제는 실제적으로 해야 할 일들을 논의해 보자. 기독론의 핵심을 보면 그리스도가 하나님의 말씀/행위로서 이 땅에 오셨고 인간의 말/행위를 들으시고 응하신다고 말한다. 예수 그리스도의 사역에는 과거완료형과 현재진행형과 미래형의 측면이 있다. 그리스도는 성육신과 대속을 이루어 구원의 복음을 성취해 주셨다. 그분이 하나님 앞에서 의로운 인간으로서의 삶을 살아 주신 것이다. 따라서 그분의 공생애를 생각할 때는 탄생에서 죽음까지, 부활에서 승천까지 사역의 범위를 정하게 된다. 그러나 앞서도 이야기했듯이 그리스도는 성령의 능력으로 성부에게서 우리에게 오셔서 현재 그분이 성부와 나누고 계신 친교와 더불어 그분이 지속적으로 수행하고 계신 성부로부터 받은 사명을 우리도 공유할 수 있게 해 주신다. 이것이 바로 그리스도와의 연합이라는 교리가 의미하는 것이다. 한 발 더 나아가 기독교에서는 그리스도가 재림해서 모든 것을 모아 성부께 바친다고 믿는다. 그리스도와의 연합은 성령의 주된 역사이며 그로 인해 우리는 그리스도의 사역을 공유하게 된다. 2천 년 전 그분이 하신 일에 감사하고 현재 그분이 하시는 일을 증언하며 미래 그분이 하실 일을 고대하면서 말이다. 사역을 통해 우리는 전통적으로 교회가 갖고 있던 믿음을 반복하면서 다음의 사실을 선포한다. 즉 (1) 성육신과 대속의 역사는 예수님이 육신을 입은 상태에서 이루신 것이고 (2) 승천과 통치는 예수님이 성령 안에서, 성령을 통해 함께하시는 것이고 (3) 재림은 예수님이 이 땅에 다시 오셔서 구원의 위대한 역사를 완료하시는 것임을 증언한다.

목회란 신학과 기독론의 실천적 형태를 띠기 때문에 목사가 하는 모든 사역은 예수 그리스도의 사역에 지배를 받아야 한다.


## 두 가지 사실의 연결

앞서 2장에 언급했던 스미스 부인을 여기에 다시 등장시켜 보겠다. 스미스 부인은 신앙심이 깊고 독실한 신자이며 나이가 많아 거동이 불편한 할머니다. 지금이 목요일 오후 2시라고 가정하고 목사인 당신은 지금 스미스 부인

십자가의 **목회** : 우리의 야심을 버리고 그리스도를 섬기는 법

이 사는 연립주택 앞에서 초인종을 누르려고 한다. 그런데 당신이 초인종을 누르는 순간에 이런 생각이 머리를 스치고 지나간다. '지금부터 신학적으로 어떤 일이 일어날 것인가?'

한 가지 명심할 것은 목사가 예수님을 모시고 그곳에 들어간다는 오해를 하지 말아야 한다는 점이다. 당신이 스미스 부인의 집안으로 걸어 들어갈 때 예수님은 성령의 능력 안에서 그분의 사랑과 은혜로 이미 스미스 부인과 함께하고 계심을 알아야 한다. 문제는 주님이 그 날, 그 시점에서 스미스 부인의 삶 속에 무슨 일을 하고 계신가를 파악하는 것이다.

당신은 당신 교회에 다니는 스미스 부인을 잘 알고 있다. 예수님이 살아 계신 주로서 그녀 안에 거하신다는 사실도 알고 있다. 그 두 가지 사실을 연결시키면 목회자로서 당신이 해야 할 임무가 명확해진다. 목회의 핵심은 그 두 가지의 결속, 즉 교인과 하나님이 연합되었다는 사실을 증언하는 것이다. 현재 이 성도의 삶에서, 나아가 지금의 특정한 시점과 상황에서 예수 그리스도는 그에게 어떤 분인가? 주님이 어떤 분인가를 먼저 질문하는 것은 단순한 신학적 방법론이 아닌 현재의 목회 상황에서 중추적인 관심사가 되어야 한다.

목회란 결국 스미스 부인에게 예수님은 어떤 분이었고, 그분이 무엇을 하셨고, 현재 무엇을 하시고, 앞으로 무엇을 하실 것인지를 바탕으로 한 그 상황 속에서의 신학적 실천 행위인 것이다. 그러지 않고서 어떻게 목회가 기독교 사역이 될 수 있겠는가? 목회자의 사명은 언제나 주어진 상황 속에서 주님이 하시는 일을 파악하고 분별하는 것이다.

## 그리스도의 실제 사역

교회에서 하는 사역은 그리스도가 하시는 사역의 동참이다. 현재의 상황이나 필요에 맞추기 위해 교회가 무언가를 새롭게 만들어내는 것이 아니다. 예수 그리스도를 막연히 모방해서도 안 되고 그분의 윤리 원칙만을 좇아가는 것도 실패의 지름길이다. 우리는 결코 메시아가 아니기 때문이다. 교회 사역은 하나의 이상적인 사역을 현실에서 실천하는 것이 아니다. 교회 사역은 주님이 하고 계신 실제적인 사역이 있기에 가능한 것이고 그 사역에 동참할 때만이 효과적이고, 현실적이고, 능력 있는 사역이 될 수 있다.

그리스도의 사역을 실현하는 것이 우리가 하는 사역보다 우선되며 우리는 그분의 사역에 지배를 받아야 한다. 그것은 필요에 부응하는 인간적 사역법과 인간적 실현에 반대되는 하나님의 실현 방법이다. 기독교 사역에서는 언제나 눈에 보이는 일에 급급해서 그것을 충족시키는 데만 몰두하는 실용적 접근법의 위험이 도사리고 있다. 그 경우에는 예수 그리스도의 사역이 아닌 인간적 경험과 고통에 대한 자기 해석이 사역을 주도하게 된다. 결국 사역에서 최고로 효과적인 신학적 기반은 무너지고 성공이라는 알량한 인간적 잣대로 사역의 온갖 문제들을 불러일으키고 만다.

목회를 통해 교인들은 예수님을 만나야 한다. 목사가 할 일은 예수 그리스도의 사도적 제사장직을 공유한다는 의미와 내용을 잘 생각하면서 그분이 했던 과거, 현재, 종말론적 측면을 기억하고 목회 사역을 분명하고도 명확하게 실행해 나가는 것이다. 중요한 것은 오늘날 이 세상에서 그리스도의 사도적 제사장직(히 3:1 참조)의 현주소다. 그리스도는 우리 안에 계시고 우리를 통해 일하시며 우리는 그분 안에 있으므로 우리 삶의 현주소 역시 그분의 것이 되어야 한다.

## 하나님의 사랑을 전하라

지금까지 신학적 실천 행위로서 살펴보았던 목회 사역에 이제는 뼈와 살을 붙여 줄 때다. 예수 그리스도와의 연합이라는 차원에서 볼 때 목요일 오후 2시에 해야 할 명확한 사역은 무엇인가? 스미스 부인을 향한 예수 그리스도의 사역이라는 전제하에서 목사는 무엇을 해야 하는가?

첫째로, 목회자가 하는 모든 일들은 하나님의 사랑을 전해 주는 틀 안에서 이루어져야 한다. "하나님은 사랑이심이라"(요일 4:8). "하나님이 세상을 이처럼 사랑하사"(요 3:16)라는 견지에서 복음은 시작된다. 교인들에게 하나님의 심판이라거나 혹은 하나님의 용서를 먼저 강조하지 말아야 한다. 심판하고 용서하시는 하나님이 어떤 분인지를 교인이 알 거라고 무작정 추측하지 말라. 목사는 하나님의 사랑을 먼저 말해 주어야 한다.

하나님의 사랑은 멀리 계신 하나님의 은혜로운 도덕적 속성이거나 막연히 기분이 좋아지는 감상적 애정이 아니다. 심판과 분노의 하나님이라는 신학적 이론에 맞대응하는 자유주의의 철학적 개념도 아니다. 하나님의 사랑에는 예수 그리스도라는 구체적이고도 실제적인 내용이 있고 그렇기 때문에 그 사랑은 독특함과 비범함과 각별함을 갖고 있다.

따라서 목회 사역의 첫 번째는 은혜의 사역이어야 하고 아주 단순하게(동시에 아주 의미심장하게) "예수 그리스도는 주님이시며 하나님이신 그 예수님이 당신을 사랑하십니다"라고 말해 주어야 하는 것이다. 이 말은 하나님과 그분의 신성에 대한 모든 잘못된 견해를 뒤집는 것이다. 골고다 언덕에서 십자가에 달려 죽은 이 사람이, 그리고 이 사람만이 하나님을 계시한 분이고 우리를 향한 하나님 사랑을 증명한 분임을 그 말이 분명히 나타내고 있다. "이는 너희가 죽었고 너희 생명이 그리스도와 함께 하나님 안에 감추어졌음이라"(골 3:3)고 한 바울의 말처럼 우리의 현주소를 그대로 보여 주는 말인 것이다. 예수 그리스도 안에 있는 하나님의 사랑은 우리가 하나님의 소유가 되었음을 의미한다. 이제는 그 어떤 것도 "우리를 우리 주 그리스도 예수 안에 있는 하나님의 사랑에서 끊을 수 없으리라"(롬 8:39). 그리스도의 사역을 공유한 목회자가 첫 번째로 해야 할 일은 "예수 그리스도는 주님이시며 하나님이신 그 예수님이 당신을 사랑하십니다"라는 말과 그 말을 증명하는 행동이다.

## 구체적인 돌봄

두 번째로, 목회에서 사랑이 구체화되는 것은 교인들과 갖는 관계의 질에 달려 있다. 여기에 좋은 관계를 맺기 위한 모든 방법들을 나열해 보겠다. 경청하기, 공감하기, 온화함, 상대에 대한 배려와 융통성, 만나기, 사려와 민감성, 시간 내기, 투명성 등등. 목사가 아무리 신학적 지식이 풍부하고 성경에 정통해도 사람과 관계하는 법을 모르면 목회는 걸음마를 벗어나기 힘들다. 결국 목회란 사람을 대하는 일이기 때문이다. 교인들이 무엇을 느끼는지, 가족이라는 관계가 얼마나 복잡다단한지, 관계가 얼마나 치유의 의미를 갖고 있는지 등을 알아야 목회의 수레바퀴를 굴러가게 할 수 있다. 목사의 지식과 기술도 중요하지만 나는 그것이 목회의 결정적 요소라고 생각하지 않는다. 목회에서 목사는 사람을 대해야 한다. 따라서 어느 정도까지는 유능한 심리학자가 되지 않으면 안 된다.

하나님 사랑으로 하는 사역은 예수 그리스도의 총체적 사역 안에서, 총체적 사역을 통해, 총체적 사역으로서 실현되지만 하나님의 의지와 능력이라는 프리즘을 통해 이루어진다. 그것은 은혜(예수 그리스도)가 필요한 실제적인 대상에게 그 필요한 시점에서 은혜를 주기 위함이다. 그것은 목사 스스로 교인들에게 필요한 것을 파악해서 그 필요한 것을 채워 주려는 노력과 다른 것이다. 교인이 처한 특정한 상황 속에서 그 사람을 위한, 그리고 그 사람을 향한 하나님의 맞춤형 사역인 것이다. 지금 이곳에서 스미스 부인에게 '예수 그리스도란 어떤 분인가?'라는 질문에 대해 대답하는 것이 그녀를 향한 목자로서의 돌봄을 결정지어 준다.

목회자에게 가장 필요한 것은 신학적 분별력이다. 아무리 치유의 능력이 있어도 신학적 분별력을 갖추지 않으면 목회적 돌봄은 이루어지지 않는다. 하나님은 분명히 어떤 일을 하고 계시지만 우리가 예수 그리스도의 현재 사역에 초점을 맞추지 않는다면 그 일은 우리와 별개로 이루어질 것이다. 그것이 요한복음 15장 5절에서 말하는 목회 비결이다. "나를 떠나서는 너희가 아무 것도 할 수 없음이라."

그리스도와의 연합이라는 차원에서 목회에 필요한 세 가지 필수요소는 증언, 해석, 상징적 행위라고 할 수 있다. 이 점을 학생들의 머리에 심어 주기 위해 나는 가끔 목회의 삼중 형태를 노래처럼 읊조리기도 한다.

## 그리스도를 증언하라

"설교자님, 일주일 내내 무얼 하시나요?" 누군가 나를 '설교자'라고 부른다면 나는 무엇을 하면서 시간을 보내야 마땅하겠는가? 나는 설교가 목사의 간헐적 의무가 아니라 목사가 하는 모든 일의 중심이라고 생각한다.

만약 나에게 선택권을 준다면 나는 '목사'라는 호칭보다 '설교자'라는 호칭을 선택할 것이다. 나는 설교를 하기 때문에 목사인 것이다. 내가 목사라서 설교를 하는 것이 아니다. 교회의 주된 과제, 아니 결정적인 과제는 예수 그리스도가 주님이심을 증언하는 일이다.

따라서 목사는 일주일 내내 무엇을 해야 하는가? 목사는 예수 그리스도를 증언하고 그분의 현재진행형 은혜의 사역을 스미스 부인에게, 병원에 있는 암 환자에게, 결혼 상담을 하러 온 남녀에게, 십대 자녀의 행실을 걱정하는 부모에게, 도산 위험에 처한 작은 기업체의 사장에게, 세례를 받고자 하는 젊은 초신자 여성에게, 다음 날 장례를 치르려는 가족에게 전해 주어야 한다. 목사가 해야 할 필수적인 한 가지는 하나님에 대해 일반적으로가 아닌 실제적으로 이야기해 주는 것이다.

그 밖의 모든 일들은 하나님에 대해 이야기하는 것의 부수적인 일에 지나지 않는다. 하나님은 역사하시는 하나님이시기에 예수님 안에서, 예수님을 통해서, 예수님으로서 시간과 공간 안에서 역사하셨고, 역사하시며, 역사하실 것이며 목사는 바로 그 점을 성도들에게 이야기해 주어야 한다. 그 외의 모든 일은 이차적인 것이다. 아무리 교회와 기관과 행정이 중요한 일처럼 보여도 그것은 이차적인 일에 불과하다. 예수님 안에서, 예수님을 통해서, 예수님으로서 역사하시는 하나님을 증언하는 일차적인 일로부터 다른 모든 일들이 파생되어야 한다.

교회의 핵심 과제는 불신자들을 전도해서 믿게 만드는 것이 아니다(이것

십자가의 *목회* : 우리의 야심을 버리고 그리스도를 섬기는 법

은 복음주의 교단이 믿고 있는 이단 교리다!). 혹은 정의사회를 구현하는 일도 아니다(이것은 자유주의 교단이 믿고 있는 이단 교리다!). 교회의 핵심 과제, 즉 교회가 존재하는 이유는 예수 그리스도를 증언하기 위함이다. 우리가 아닌 그분이 불신자들을 믿게 해서 하나님의 왕국에 들어오게 하신다.

## 할 일이 있는 이유

우리에게 할 일이 있는 이유는 예수님이 현존하시고 통치하시는 주로서 사람들이 살고 죽는 실제 세상에 임재하시기 때문이다. 그분은 거실, 병원, 이혼 법정, 슈퍼마켓, 학교, 자동차 안, 극장 등에 임재하신다. 우리가 해야 할 일은 언제나 그런 곳에서 주님을 증언하는 일이다. 우리보다 앞서 하나님의 은혜와 사랑과 친교의 사역으로 하나님 나라를 이루고 치유, 구원, 축복, 갱생, 회복, 용서, 위안을 주시는 주님을 증언해야 한다.

바리새인들이 예수님께 제자들을 조용히 시키라고 했을 때 예수님은 이렇게 대답하셨다. "내가 너희에게 말하노니 만일 이 사람들이 침묵하면 돌들이 소리 지르리라"(눅 19:40). 예루살렘의 성도들은 "도무지 예수의 이름으로 말하지도 말고 가르치지도 말라"(행 4:18)는 경고를 들었음에도 불구하고 하나님의 말씀을 "담대히" 전하게 해 달라고 기도했다(행 4:29).

## 언어 이상의 의미

그리스도를 증언하는 설교는 단순한 언어 이상의 의미가 있다. 칼 바르트는 자신의 신학을 대변하는 매우 인상적인 비유 하나를 들었는데 그것은 마티아스 그뤼네발트(Matthias Grunewald)가 그린 이젠하임 제단화 중에서도 뛰어난 걸작으로 손꼽히는 '십자가 처형'이었다.

그 그림에서는 십자가 위에 고문당한 그리스도가 매달려 있고 그 오른편에는 막달라 마리아가 무릎을 꿇고 기도를 드리고 있으며 그 옆에서 예수님이 사랑하시던 제자가 예수님의 어머니 마리아를 품에 안고서 위로하고 있다. 예수님의 왼편에 서 있는 세례 요한은 과장된 크기의 집게손가락으로 예수님을 가리키며 구경꾼들에게 자신이 아닌 예수님을 보라는 시늉을 하고 있다. 바르트는 세례 요한의 손에 대해 "이 손은 성경에 분명한 근거가 있다"라고 말했다. 그 손이 그려진 곳에는 라틴어로 요한복음 3장 30절 말씀이 적혀 있다. "그는 흥하여야 하겠고 나는 쇠하여야 하리라." 이에 대해 바르트는 "우리는 감히 그뤼네발트의 세례 요한이 가리키는 방향으로 눈을 돌릴 수 있겠는가? 우리는 그의 손이 어디를 가리키고 있는지 알고 있다. 그리스도를 가리킨다. 그러나 그냥 그리스도가 아닌 십자가에 매달린 그리스도다. 바로 그것이 우리가 바라보아야 할 곳이라고 그 손은 말하고 있다"(맨지나의 「칼 바르트: 그리스도의 증인된 신학자(*Karl Barth: Theologian of Christian Witness*)」[Louisville, Ky.: westminster/John Knox Press, 2004], p. 12에서 인용).

우리는 그 그림에 있는 또 다른 손들에도 주목할 필요가 있다. 그 안에 교회의 총체적인 사역이 요약되어 있기 때문이다. 가장 먼저는 십자가에 달리신 예수님의 손을 봐야 한다. 그분의 활짝 벌어진 손가락들이 우리를 위한 대속의 죽음이 주는 고통을 대변하고 있다. 그 다음으로 막달라 마리아의 기도하는 손과 요한의 위로하는 손을 봐야 한다. 세례 요한의 다른 한 손은 펼쳐진 성경책을 들고 있다. 심지어 십자가 밑에 있는 어린 양도 자신의 피가 떨어지고 있는 잔을 들고 있다.

십자가의 **목회** : 우리의 야심을 버리고 그리스도를 섬기는 법

## 기독교 신앙의 알맹이

예수님을 증언하는 일이 핵심이 되어야 하는 이유는 예수님이 기독교 신앙의 알맹이이기 때문이다. 예수 그리스도는 추상적인 교리나 개념이 아니라 성령의 능력과 그분의 사랑 안에서 현존하고 살아 계시며 역사하시는 주님이시다. 우리가 할 일은 그분의 과거 사역뿐 아니라 현시대의 그분 임재와 사역을 증언하는 것이고 그분의 재림이 가져 올 약속과 희망을 증언하는 것이다.

기독교 사역은 본질적으로 뚜렷한 전도의 측면을 갖고 있다. 예수 그리스도가 현재 전체 교인들에게, 혹은 교인 개인에게 주시는 복음을 전해야 한다. 어떤 일이든 사역에는 예수 그리스도의 실제적 임재를 전하는 일이 병행된다. "예수 그리스도는 어제나 오늘이나 영원토록 동일하시니라"(히 13:8).

이 점을 마음에 새기게 되면 우리의 관심은 즉시 특정한 상황이나 사건, 사람들 속에서 예수님이 무엇을 하시는지를 파악하는 데 쏠리게 된다. 그래야 우리 앞의 문제나 사람들에게 적합한 방법으로 도와주고 주님을 증언할 수 있기 때문이다. 다른 말로 하자면 현재 당신이 증언해야 할 사람이나 상황에서 예수님의 지속적인 사역의 어떤 면이 그에게 복음이 될지를 분별하라는 것이다.

## 선포의 순간

목회 현장에서 주인공이 되어 예수 그리스도를 전할 때에는 선포의 순간을 잘 포착해야 한다. 시기적절한 순간에 적절한 방법을 사용하는 것은 목사로서의 분별력과 은사에 달려 있고 그것은 그리스도와의 연합으로 인해 빚어지는 결과다. 목회자들은 그런 분별력을 달라고 기도해야 하며 목회 현장에서 유용하게 사용해야 한다. 즉 그 사람에게, 혹은 그 상황에서 예수님의 어떤 면을 증언해야 하는지를 파악함으로써 복음을 증명해야 하는 것이다.

선포한다는 것은 가르치라는 이야기가 아니다. 죄를 부인하는 사람에게 회개를 강요하는 것이나, 죽어가는 교인에게 소망을 이야기하는 것이나, 사이 나쁜 부부에게 용서를 말하는 것은 모두 다 소용없는 짓이다. 목회에서 논쟁이나 설득이 효과를 발휘하는 경우는 매우 드물다. 그 대신에 목사는 복음을 이야기해야 한다.

여기에 몇 가지 예를 들어 보겠다.

- "예수님은 당신을 용서해 주십니다. 바로 지금 이 순간에도 용서하십니다. 그러니 회개하고 삶을 개선하는 것에 대해 이야기해 봅시다."
- "당신의 미래는 태초부터 당신을 사랑해 오신 주님의 손안에 있습니다. 주님은 절대로 당신을 버리지 않으실 것입니다."
- "당신은 인생을 포기했을지 몰라도 예수님은 당신을 포기하지 않으셨습니다."
- "예수님은 당신이 겪는 현재의 고통과 두려움 속에 함께하십니다. 당신이 살든지 죽든지 그 무엇도 그분의 사랑에서 당신을 떼어놓지 못합니다."
- "당신의 어머니는 그리스도와 함께 죽었고 또 부활하셨습니다."

목회자는 설교를 통해 열심히 복음을 전하고, 기쁨으로 성찬을 집도하고, 교인 각자에게 주님을 증언해야 한다. 예배가 증언하는 예수 그리스도,

십자가의 *목회* : 우리의 야심을 버리고 그리스도를 섬기는 법

복음의 주체이신 그분이 개인에게도 증언된다. 우리는 예수 그리스도의 사역을 증언하는 사람들이므로 이 순간, 이 사람에게, 이 상황 속에서 그분이 증언될 것임을 기도하며 믿어야 한다.

성령의 능력과 예수님의 사랑 안에서 그분이 지금 여기에 계심을 두 가지 면에서 신뢰할 수 있다. (1) 현재 주님은 이 사람에게 축복, 치유, 위로, 격려, 훈계, 인도, 용서, 책망 등의 일을 해 주시기 위해 곁에 와 계신다. (2) 우리의 사역과 간증을 통해서 이 사람을 위한 그분의 사역에 우리를 참여하게 하신다.

## 상황 해석

이제는 목회자에 대한 이야기를 본격적으로 해 볼 차례다. 하나님 은혜의 사역에 동참하는 목회 사명에는 해석학적 측면이 포함되어 있다. 목사는 교인을 구체적으로 돕는 방법을 강구해야 한다. 즉 예수 그리스도가 그를 위해 사셨고, 또 돌아가심으로 인해 그를 용서하셨고 성부와의 관계를 회복해 주셨다는 사실에 근거해서 자신이 처한 상황을 잘 해석하도록 도와주어야 한다.

예수 그리스도 안에서 그는 하나님의 자녀가 되는 특권을 누렸으며 이제는 성령을 통해 그 진리대로 살아야 할 의무가 있다. 하나님은 그 교인의 삶에서 진정으로 역사하고 계시며 그는 하나님과 대적하는 관계에서 하나님과 화평한 관계로 처지가 바뀌었다. 그는 세례를 받는 순간에 죄에 죽고 "새 생명 가운데 행하게" 되었다(롬 6:4). 목사 앞에 앉아 있는 그 교인이 육신적으로, 정신적으로, 사회적으로 어떤 사람이든지 간에(단순히 신학적, 영적,

심리학적 의미에서만이 아니라 실제적으로) 그는 용서를 받았고 하나님과의 관계가 회복되었다.

증인이 되는 것과 마찬가지로 상황을 해석하는 일 역시 복음의 다양한 고유 영역들을 반영하게 된다. 어떤 경우에는 복음에 비추어 비교적 수월하게 상황을 해석할 수 있다. 가령 세례 준비, 병이 났을 때나 임종 직전, 장례식, 구원에 대한 문제, 도덕적 위기, 결혼과 가정 문제 등이 그런 경우다. 그러나 예수 그리스도의 복음에 비추어도 그리 쉽게 해석할 수 없는 문제들도 있다. 예를 들자면 사업상의 문제들, 운동 경기에서의 승패에 관련한 문제는 정확한 해석을 내리기가 쉽지 않다. 목회에서의 해석학적 측면이란 적절한 방법으로 적절한 때에 교인이 복음에 비추어 자신의 삶을 살피고 생각해 볼 수 있도록 이끌어 주는 것을 말한다. 그리하여 그리스도 안에 있는 자신의 삶이 어떤 삶인지를 더 깊이 깨닫고 그 깨달음이 현재의 문제 해결에 도움을 주게 된다.

목사는 단순히 복음을 제시하고 예수 그리스도를 증언하여 교인이 무언가 하기를 기다리지 말고 시간을 들여서 교인 스스로 복음이 어떻게 그의 삶에 새로운 방향을 제시하는지를 찾아내게 하고 더 깊은 깨달음과, 사고의 전환과, 헌신으로 나아가도록 이끌어 주어야 한다. 말하자면 교인의 상황과 복음의 진리가 상호 관통하여 교인이 자신의 삶을 예수 그리스도의 눈으로 더 깊이 이해하게 도와주라는 것이다.

## 적당한 때를 기다리라
목사가 모든 교인들의 상황을 그때마다 해석해 주어야 하는 것은 아니다.

십자가의 *목회* :우리의 야심을 버리고 그리스도를 섬기는 법

교인과 충분한 대화를 나누고 시간에 쫓기지 않는 여유와 헌신이 필요하다. 대화의 목적은 심리치료가 아니다. 물론 그것도 필요하겠지만 더 중요한 목적은 그리스도 안에서 그 교인이 갖고 있는 영성이 삶의 개선과 더 헌신적인 제자도로 드러날 수 있게 돕는 것이다.

목사와 교인 곁에 항상 그리스도가 함께하신다는 사실을 잊지 말라. 목사와 교인이 나누는 대화에서 주님은 제3자로 동석해 계신다. 주님은 교인을 향한 복음적 목표를 갖고 계시고 목사는 그 목표를 알아내고자 노력해야 한다. 목회자의 해석은 철저하게 신학적이어야 하고 이 교인에게 예수 그리스도는 어떤 분인가를, 그래서 그것이 신앙과 헌신에서 어떤 의미를 갖는지를 항상 질문해야 한다.

## 상징적 행동

내가 암 수술을 받고 병원에 입원해 있는 동안 많은 목사들이 문병을 와 주었다. 그러나 나를 위해 기도하고 성경말씀을 읽어 준 이들은 있었지만 어떤 누구도 내게 기름을 바르거나(약 5:14 참조—역주), 죄 용서를 확증하는 의식을 치르거나, 성찬을 거행한 사람은 없었다.

직접 문병을 와 준 따뜻한 호의와 그들이 보여 준 신앙심은 무척이나 고맙고 감동적이며 어느 누구도 개인적으로 비난할 마음은 전혀 없다. 다만 개신교의 목회 사역이 예배를 그 중심에 놓던 전통에서, 그리고 목사가 신앙의 상징들을 사용하던 관습에서 우리가 얼마나 멀리 떨어져 있는지를 새삼 확인한 것이 씁쓸할 따름이다.

그 길고 힘들었던 병상생활 동안 가장 인상적인 목회적 돌봄은 사실 아내가 베풀어 주었다. 아내의 제안에 따라 우리는 아침 기도문과 저녁 기도문을 함께 읽었다. 그 시간들이 나에게 삶의 닻이었다. 나의 투병 과정을 되돌아보고 소망의 확신을 가질 수 있었던 계기도 그 시간이 있었기에 가능했다고 할 수 있다.

특히 주류 개신교에서 놓치고 있는 것은 전통적인 매일의 의식을 거행하는 리듬이다. 그 날의 성구집 낭송, 전통적인 송가(시편 95편, 96편, 100편), 테데움(감사 예배에서 많이 불리는 찬가—역주) 등이 그런 것이다. 또 한 가지 우리가 잃어버린 것은 하루를 마감하며 드리는 만과(저녁 기도)에서 느껴지는 위로와 평안이다. 교독으로 반복되는 만과 중에는 다음과 같은 내용이 있다. "깨어 있을 때 우리를 인도하시고 잠잘 때 우리를 지켜 주소서. 오, 주여, 깨어 있을 때 그리스도와 함께 경계하게 하시고 잠잘 때 평화롭게 쉬게 하소서." 아마도 개신교의 많은 형제자매들이 그런 것이 있는지조차 모를 것이고 설령 안다고 해도 어떻게 사용하는지는 모르고 있을 것이다.

## 선포와 해석을 넘어서

목회 사역은 선포와 해석만으로 끝나지 않는다. 거기에서 한 발 더 나아가 상징적 능력을 통한 충만한 행동으로 이어진다. 그 행동은 기도를 한다거나, 손을 잡는다거나, 십자가 형상을 손으로 긋는다거나 등의 단순한 동작일 때도 있고 애찬식, 기름 바르기, 임종 성찬, 사유 예배 등과 같이 좀 더 복잡한 것일 수도 있다. 인간은 인식 능력만 있는 것이 아니다. 기억을 환기시키는 상징적 비유나 행동들도 사용하면서 살아간다. 목사들은 시편의 말씀들을 잘 알고 어떤 경우에 인용해야 하는지도 잘 알고 있다. 그렇다면

십자가의 *목회* :우리의 야심을 버리고 그리스도를 섬기는 법

시편 기자들이 사용했던 축복의 기름도 사용해 보라. 그리고 집을 나설 때는 그 기름을 병에 담아 그것이 하나님의 축복을 전하는 도구가 되게 해 달라고 기도한 후에 늘 가지고 다니라. 언제 어디서든지 성경을 읽고 기도할 준비를 하라. 그러나 우리가 그리스도를 모시고 문병을 가는 것이 아니라 그분은 이미 병원에 계심을 기억하라. 우리가 환자를 위해 드리는 기도는 이미 주신 복과 앞으로 주실 복에 감사하는 의미인 것이다.

주님의 임재는 조건적이 아니다. 그분의 은혜가 임하도록 우리가 뭔가를 해야 하는 것이 아니다. 성령의 능력과 그분의 사랑으로 우리에게 임하겠다고 하신 것은 그분의 일방적인 약속이자 결정이다. 적절한 신체적 접촉 역시 고려해 보라. 십자가 형상은 예수님의 구원을 상징한다는 것을 명심하라. 에든버러의 존 녹스는 성찬이 아픈 영혼에게 훌륭한 치료제가 된다고 말했다. 개종 의식과 병 고침에서 성찬의 역할에 대해 묵상해 보라. 누군가에게 하나님의 축복을 전해 줄 때 단지 입으로 축복한다고 말하는 것 외에 행동으로 보여 줄 수 있는 길은 없을지 생각해 보라.

축도


나는 학교에서 수업을 하든 세미나에서 말씀을 전하든 간에 마지막에는 항상 축도로 마무리를 한다. 축도는 하나의 선언문으로서 축도를 받는 사람이 주 예수 그리스도의 은혜와 하나님의 사랑과 성령의 교통하심을 실제로 받게 된다. 그 사실에는 아무런 의문의 여지가 없다. 또한 축도는 우리의 신학을 상기시킨다. 즉 우리의 생각을 하나님께 올려 드리는 것이 예배의 한 행위인 것이다. 자, 마지막으로 몇 가지 당부의 말을 전하겠다.

내가 간략하게 전하고 싶은 말은 첫째로, 목사 동료들이여! 목회가 얼마나 힘든지는 나도 잘 알고 있다. 그 부담감이란 이루 말할 수 없을 정도로 무겁다. 우리 능력의 한계를 느낄 때도 많고 목회가 하나님의 일이라는 것을 고려할 때 실제로 우리의 이해력과 성실성에서 한계를 갖고 있는 것이 사실이다. 그래서 우리에게는 구세주가 필요하다. 많은 목사들이 유능함을 인정받기 위해 열심히 노력하지만 숭고한 동기와 성실한 노력과 간절한 기대에도 불구하고 육신은 지치고, 마음은 우울해지고, 목회의 즐거움은 아득한 옛날이야기가 되고, 간절한 소망은 여전히 이루어지지 않고 있다.

이 책은 나 자신이 그런 불가능성에서 몸부림친 이야기이자 내 사역이 중심이 되었을 때 십자가 처형을 당해야 했던 개인적 체험담이기도 하다. 내가 그리스도와 함께 십자가에 못박혔으니 이제는 내가 사는 것이 아니라

십자가의 *목회* : 우리의 야심을 버리고 그리스도를 섬기는 법

오직 내 안에 그리스도께서 사시는 것이라고 했던 사도 바울의 말씀을 깨닫고 내면화하기 시작한 것은 내 나이 환갑이 넘어서면서부터였다(갈 2:19-20). 바울이 한 말은 그리스도인의 모든 삶에 적용되는 말이며 그 안에는 나의 목회 사역도 포함된다. 오로지 내가 죽고 그리스도 안에 사는 것만이 나의 유일한 소망이자 기쁨이다. 물론 내가 그것을 내면화하는 작업을 완전히 끝마쳤다는 이야기가 아니라 오직 그리스도 예수께 잡힌 바 된 그것을 잡으려고 달려갈 뿐이다(빌 3:12). 내 감정이 따라주지 않더라도 나는 이것이 사실임을 믿는다.

나는 독자들을 향한 사랑과 충정을 담아 이 책을 여러분에게 바친다. 아울러 여러분이 예수 그리스도의 소유가 되었음을 믿으며 다음과 같이 기도드린다.

"그의 영광의 풍성함을 따라 그의 성령으로 말미암아 너희 속사람을 능력으로 강건하게 하시오며 믿음으로 말미암아 그리스도께서 너희 마음에 계시게 하시옵고 너희가 사랑 가운데서 뿌리가 박히고 터가 굳어져서 능히 모든 성도와 함께 지식에 넘치는 그리스도의 사랑을 알고 그 너비와 길이와 높이와 깊이가 어떠함을 깨달아 하나님의 모든 충만하신 것으로 너희에게 충만하게 하시기를 구하노라"(엡 3:16-19).

목회를 하고 있는 모든 형제자매들이여, 주 안에서 강건하기를!

앤드류 퍼브스
2007년 사순절에

## 묵상을 위한 사례 연구

나는 신학대학원에서 이 주제를 가르칠 때 증언하기, 상황 해석, 상징적 행동을 학생들이 보다 쉽게 이해할 수 있도록 일련의 사례 연구들을 제시하여 학생들이 사례로 주어진 목회 상황 속에서 주님을 증언하고, 상황을 해석하고, 상징적 행동을 시범적으로 해 볼 수 있는 기회를 제공한다. 사례 연구는 그들이 충분히 생각할 수 있는 안정된 분위기 속에서 그런 활동들을 체험할 수 있는 좋은 기회가 되는 셈이다.

다음에 소개할 세 가지 사례 연구는 하나의 규범으로서가 아니라 생각을 자극하는 자료로서 활용하기를 바란다. 각각의 사례들은 실화를 바탕으로 가공의 요소들을 덧붙인 것이며 뒤로 갈수록 좀 더 상황이 복잡해진다.

첫 번째 사례 연구는 하나의 상황 속에서 올바른 정의를 내리는 문제다. 두 번째 것은 가정에 위기가 닥친 시점에서 교리와 사역 간의 상호작용을 깊이 있게 다루어야 한다. 다만 문제를 깊이 생각해 볼 시간적 여유 없이 다급한 상황임이 고려의 대상이다. 세 번째 사례는 국가관에 대한 불일치와 첨예한 대립관계에서 교인들을 돌보아야 하는 상황이 설정되어 있다.

지금까지의 경험상 소수로 이루어진 소그룹 형태에서 이 사례들을 놓고 토론하며 풀어가는 것이 가장 효과적이었다. 소그룹마다 전혀 다른 결과를 보고하는 경우가 대부분이었는데 두 번째와 세 번째 사례는 멤버들 간에

십자가의 **목회** :우리의 야심을 버리고 그리스도를 섬기는 법

신경전이 벌어지기도 하고 심지어 화를 내며 다투는 일도 있었다. 그 이유는 신학적 견해의 차이가 선명하게 부각되기 때문이다.

살아서 역사하시고 통치하시는 예수 그리스도의 임재를 신학적으로 분별하는 일은 매우 어려운 일이다. 마찰과 분쟁이 있고 문제가 복잡한 실제 상황에서 우리는 예수 그리스도의 사역을 신뢰해야 한다. 우리가 그 사역에 동참하고 있으므로 그분을 증언하고자 노력하며 사람들이 예수님의 눈으로 해석하게끔 도와주고 주님을 드러내는 상징적 행위를 해야 한다. 목회 사역을 신학적 실천 행위로 생각하면 살아 계시고 역사하시는 주님의 임재를 분별하는 자체가 경이로운 신학적 체험이 되어 우리의 마음을 기쁘게 하고 어려움 속에서도 사역의 큰 보람을 느끼게 해 줄 것이다.

물론 목회 형태는 과자 틀마냥 똑같이 찍어져 나오는 것이 아니다. 목회란 그리스도론의 해석론을 발전시키는 과정이고 그것은 결코 한 번으로 이루어지지 않는다. 따라서 목회에 단 하나의 정답이란 존재하지 않는다.

## 사례 연구 1: 나는 돌보는 직업을 가졌는가?

한 고등학교에서는 달마다 졸업반 학생들을 위한 직업박람회를 개최한다. 사회 각 분야의 직업인들을 학교에 초대해서 일의 성격이라든가 채용에 필요한 학력, 앞으로의 전망 등을 학생들에게 이야기해 주는 것이다. 목사인 당신은 고등학교 직업박람회에서 '돌보는 직업'이라는 창구에 초대되어 학생들을 만나게 되었다. 당신과 함께 초대된 사람들은 의사, 사회복지사, 심리치료사, 지역개발 종사자이다. 초대받은 사람들 모두는 '돌보는 일로서의 나의 직업'이라는 제목으로 각각 주어진 5분 동안 설명을 해야 한다.

다음의 질문들에 대답해 보라.

당신은 돌보는 직업을 가졌는가?
목회적 돌봄(pastoral care)은 당신이 하는 일에 적합한 이름인가?
'목회적'(pastoral)이라는 말의 의미는 무엇인가?

당신의 목회적 돌봄은 함께 초대받은 직장인들의 돌봄과 어떤 면에서 동일하며 어떤 면에서 차이가 나는가? (물론 함께 초대받은 직장인 중에도 그리스도인이 있을 수 있다.)

- 같은 창구에 있는 직업인들은 모두가 특수한 지식과 기술을 갖고 있는 사람들이다. 목사인 당신은 어떤 특수한 기술을 갖고 있는가?
- 그들이 의료, 상담, 사회복지, 지역개발이라는 분야에서 전문가인 점을 감안할 때 당신도 그들만큼 전문가라고 생각하는가, 아니면 그보다 못하다고 생각하는가?
- 예배 인도자라는 역할을 제외하면 당신의 직업을 어떻게 정의하겠는가?
- 당신이 학생들에게 목회를 설명하기 위해 어떤 선까지 신학적 진술을 할 수 있다고 생각하는가?

## 덧붙이는 해설

목회라는 것은 단순히 사람들을 돌보는 직업이 아니다. 목회는 우선적으로 믿음의 표현이자 하나님께 받은 사명을 완수하는 일이다. 목회에는 복음

십자가의 **목회** : 우리의 야심을 버리고 그리스도를 섬기는 법

선포적 성격이 있기 때문에 목회적 돌봄은 목사 개인의 일이 아니다. 목회적 돌봄이란 우선적으로 목사가 하는 돌봄이 아니다. 목사는 교인들을 돌보기 위해 돈을 받고 고용된 사람이 아니다. 목사의 일차적인 사역은 예수 그리스도를 증언하는 일이다. 목사가 가져야 할 구체적인 기술은 기능적인 것이기보다 신학적인 것이다. 그런 의미에서 충실한 목회란 예수 그리스도의 이름으로 말하는 것이다. 고등학교 채용박람회 자리일지라도.

### 사례 연구 2: 요산된 아기: 목사는 어떻게 해야 하는가?

자네트와 빌리는 30대 후반의 부부로서 오래 전부터 아기 갖기를 소망해 왔다. 그들은 당신이 목회하는 교회의 신실하고 충성된 교인이며 현재 자네트는 임신 7개월이다.

어느 날 한밤중에 빌리로부터 전화가 걸려왔다. 그의 아내 자네트가 갑작스런 복통을 호소해서 지금 응급실로 달려가는 중이라는 것이다. 빌리는 운전을 하고 있고 당황한 기색이 역력하다. 순간 당신의 머릿속은 복잡해진다. '내가 무엇을 어떻게 해야 하나?'를 고민하다가 결국 병원에 가 보기로 결심한다. 상식이 있고 예의 바른 사람들이 한밤중에 전화를 걸었다면 그것은 분명 생사가 걸린 중대한 일임에 틀림없을 것이다. 병원에 도착한 당신은 산부인과 병동에서 빌리를 발견한다. 그는 눈물이 얼룩진 얼굴로 병실 밖에서 기다리고 있다.

당신이 묻는다. "어떻게 된 건가요?"

"아기가 죽었습니다. 지금 의사들이 사후 조치를 하고 있습니다." 빌리는 시계를 힐끗 보더니 "이제 조금 있으면 병실에 들어갈 수 있겠네요"라고 말한다.

"정말 안됐습니다."

"병원에서 죽은 아기를 데려가기 전에 목사님이 아기에게 세례를 주셨으면 좋겠습니다."

당신은 빌리의 부탁에 어떻게 대답할 것인가? 과연 무엇을 할 것인가? 당신은 1분 안에 결정을 내려야 한다!

잠시 뒤 한 간호사가 나와서 자네트를 봐도 좋다고 말한다. 병실에 들어가니 자네트는 충격과 실망이 가시지 않은 얼굴로 목까지 시트를 덮고서 꼼짝 않고 누워 있다. 죽은 아기는 시트로 감싸 요람에 넣어서 자네트의 침대 곁에 두었다. 당신이 자네트에게 해야 할 사역의 성격은 무엇이고, 빌리와 죽은 아기에게 해야 할 일은 무엇인가?

목회를 구성하는 요소는

- 그리스도를 증언함 – 이 상황에서는 누구에게 증언해야 하는가?
- 상황의 해석 – 이 상황에서는 무엇을 해석해야 하는가?
- 상징적 행동 – 이 상황에서는 무엇을 해야 하는가?

### 덧붙이는 해설

이와 같은 상황에서는 당연히 애도의 뜻을 표하고 장례나 산모의 건강에 필요한 조언을 해 주어야 한다. 그러나 목회자의 임무가 단순히 그 선에서 끝나면 안 된다. 빌리와 자네트 부부가 처한 상황에서 신학적 실천 행위는 어떤 성격을 띠어야 하는가? 이 비극의 순간에 이 부부에게 예수 그리스도는 어떤 분인가?

지혜로운 목회자는 이때 두 가지를 조심해야 한다. 현재의 고통을 완화시키기 위한 틀에 박힌 신앙 언어와 상투적인 조언을 피해야 한다. 차라리 말을 아끼는 것이 더 낫다. 이 상황에서 예수 그리스도를 증언하는 길은 현존하시는 예수 그리스도의 사역을 고스란히 전달하기 위한 체험적이고도 상징적인 행동의 형태를 띨 수밖에 없을 것이다. 세례식은 잠시 제쳐두고 목사는 빌리에게 죽은 아기를 요람에서 들어 올려 아기 어머니인 자네트에게 주라고 말해야 한다.

그런 후에 무엇을 해야 하는가? 목사가 할 일은 지금 현재 예수님이 무엇을 하시는가를 알아내는 것이다. 그러기 위해 승천하신 그리스도의 사역을 떠올린다. (1) 승천하신 그리스도는 우리를 위해 기도하고 계시다. 그 점을 의식하면 마음이 차분해질 것이다. 빌리와 자네트와 죽은 아기를 비롯해 목사 자신도 주님의 기도를 받고 있다. (2) 승천하신 그리스도는 성령을 보내 주셔서 우리와 함께하신다. 우리는 결코 혼자가 아니며 무력한 자들이 아니다. 예수님이 역사하고 계신다. (3) 승천하신 그리스도는 그분의 이름을 걸고, 그분 자신을 위해 우리를 하나님 아버지께 올려 드리신다.

이 두 번째 사례에서 예수 그리스도를 증언하는 길은 바로 세 번째 항목에 해당한다고 나는 생각한다. 그분이 우리를 성부께 올려 드린다. 나라면 그 아기를 안고서 내가 하고자 하는 일을 아주 간단히 이렇게 설명했을 것 같다. "저는 지금 이 순간 우리 주님이 이 아기에게 어떤 일을 하고 계신지를 보여 드리겠습니다." 그런 다음에 두 팔에 안은 아기를 위로 약간 올리면서 이렇게 기도할 것이다. "아버지, 저는 이 아기를 나의 이름으로 당신께 드립니다." 나는 빌리와 자네트에게 예수님이 아기를 하나님 아버지께 드렸다고 말할 것이며 하나님 아버지는 팔을 벌려 이 아기를 받아 안으셨다고 할 것이다. 그런 뒤에 빌리와 자네트에게 승천하신 그리스도의 사역을 새겨 줄 수 있는 아주 간단한 세례식을 거행할 것이다.

세례식을 마친 후에는 빌리와 자네트에게 아기의 장례식에 대해 의논하고 그에 대한 적절한 조언을 해 줄 것이다.

그 뒤에도 빌리와 자네트에게는 '대체 왜?'라는 해석적 의문이 떠오를 것이며 그들은 이 비극적 죽음과 상실의 아픔 속에 하나님의 구속적 사랑이 어떻게 적용되는지를 이해하기 위해 애써야 할 것이다. 목사 역시 위로자가 되시는 주님을 의지하면서 그분이 그들을 위로할 것임을 신뢰해야 한다. 빨리 상처를 아물게 하려고 뻔한 위로와 해답을 제시해서는 안 된다. 아무도 그들이 애통해하고 이해하며 주님으로부터 위로받는 과정을 함부로 침해할 수 없기 때문이다.


## 사례 연구 3: 국기의 위력

교회 관리인으로 일하는 교인이 국가 공휴일에 도로와 면접한 교회 마당 중간에 국기를 게양했다. 목사는 그러지 말라고 거듭해서 말렸으니 중요한 국경일이 올 때마다 그는 자신의 애국심을 내세워 국기를 걸어야 한다고 주장했다. 결국 이 문제는 두 사람 간의 심각한 갈등으로까지 발전하게 되었다.

목사가 반대하는 이유는:

- 교회는 국가와 정부에 소속되어 있지 않은 독립적인 기관이다.
- 교회는 오로지, 그리고 전적으로 예수 그리스도께만 충성심을 나타내야 한다.
- 국기는 국가를 나타내는 상징이지 기독교를 나타내는 상징이 아니다.
- 교회 마당에 비기독교적인 상징물을 내세운다는 것은 교회의 정체성을 흐리게 하는 일이다.

교인은 이 문제를 당회에 상정해서 교회의 정책으로 결정해 달라고 요청했다. 그러자 자연히 교회 전체에 그 소문이 퍼져서 교인들의 입에 오르내리는 화젯거리가 되었다. 목사는 당회가 열리기 전에 그 교인을 개인적으로 만나서 교회 마당에 국기를 걸어서는 안 되는 이유를 설명했다. 아울러 그 교인 가정을 내쫓거나 박대하지 않고 계속해서 그리스도인으로서의 사랑과 존경을 표할 것을 약속했다. 서로가 자신의 의견을 주고받는 시간이었다.

당회가 열렸을 때 목사는 기독교의 정체성, 성경적 지침, 주제를 의식한 기도를 앞세워 당회원들을 자신의 의견과 같은 방향으로 이끌려고 노력했다. 목사의 권위도 대단했지만 반대 의견을 내세우는 그 교인의 의견 또한 만만치 않았다. 그러나 당회는 결국 목사의 편을 들어 주었다.

투표가 끝나고 두 가지 상징적 행위가 교인과 목사의 관계를 회복하며 교인들이 분열되지 않도록 하는 데 도움을 주었다. 그것은 매주 다 함께 죄를 고백하고 하나님의 용서를 선포한 것과 전교인이 서로를 축복하며 주님의 자비로 서로를 용납하는 시간을 가진 것이다. 성찬식을 거행할 때, 특히 국기를 걸자고 주장했던 교인에게 목사가 포도주에 찍은 빵을 건넬 때 그것은 그리스도인의 연합을 대변하는 강력한 표상으로 인식되었다.

- 당신이라면 이 문제를 어떻게 다룰 것인가? 그 이유는 무엇인가?
- 이 문제의 신학적 근거는 무엇인가?
- 당신이 정한 문제 해결 방안에서 당신은 어떻게 예수 그리스도를 증언할 것인가?
- 당신이 문제를 해결하는 과정에서 상황 해석은 어떤 역할을 하게 될 것인가?
- 당신은 국기를 게양하자고 주장한 교인과 교인들 전체를 위해 어떤 상징적 행동을 할 것인가?

## 덧붙이는 해설

국기라는 것은 단순히 상징적 의미만을 갖고 있는 것이 아니다. 그 나라의 아이콘이라고 할 수 있다. 즉 국기가 상징하는 대상인 더 위대한 무언가를 가리키고 있다는 말이다. 예로부터 동방교회에서는 주도면밀하게 그려진 초상화(아이콘)들을 사용해서 예배자들이 그 그림을 보며 그릴 수 없는 하나님을 생각하도록 유도했다. 그림 자체보다 더 위대한 대상을 의식하게 만드는 그림의 특별한 능력 때문에 아이콘은 상징물 이상의 의미가 있는 것이다.

국기는 그 나라를 대표하는 아이콘이다. 그렇기 때문에 공공기관이나 정부관청, 군대에서 게양해야 마땅하다. 국기는 그 국가의 기상과 국민의 애국충정을 나타내기 때문이다. 또한 역사와 정체성의 공통된 주인의식도 의미하고 있으므로 국기는 그 나라를 대표한다고 말할 수 있다. 국기에는 기

*십자가의 **목회** :우리의 야심을 버리고 그리스도를 섬기는 법*

상을 드높이는 특별한 힘이 있다.

그러나 아이콘에는 한 가지 위험 요소가 있다. 그것은 숭배를 부른다는 것이다. 아이콘이 하나님을 예배하도록 이끄는 물건이 아니라 그 자체로 숭배의 대상이 되는 경우가 종종 있다. 개신교도들은 이런 위험성에 특히 예민한 반응을 보인다. 아이콘이 숭배의 대상이 되었다면 그것은 우상인 것이다.

국기도 비슷한 위험을 불러올 수 있다. 특히 교회라는 건물에 국기가 걸려 있을 때 더욱 그렇다. 교회에 게양된 것이니 그것을 숭배해도 된다는 착각에 쉽사리 빠져들 수 있기 때문이다. 아이콘이 국기인 경우에는 이중의 위험성이 있어 국기나 국가가 숭배의 대상이 될 수 있다. 그리스도인인 우리는 오로지 예수 그리스도를 통해 하나님만을 숭배해야 한다. 하나님과 국가를 혼동해서는 안 된다.

교회에도 아이콘의 기능을 하는 강력한 상징물이 있다. 예수 그리스도의 구원을 떠오르게 만드는 능력에 있어서 타의 추종을 불허하는 물건이다. 그 아이콘은 바로 십자가다. 만일 우리가 일반 대중에게 어떤 것을 보여 주고 싶다면 그것은 십자가이어야 한다. 십자가는 숭배를 받기에 합당한 한 분을 가리키고 있기 때문이다.

제2차 이라크 전쟁이 발발하던 초기에 이와 비슷한 상황이 연출된 적이 있었다. 당시 그 교회의 목사는 온화하면서도 단호한 태도로 국기 게양을 주장한 교인과 교인들에게 예수 그리스도를 증언함으로써 매우 어려운 난관을 잘 통과했다. 목사가 취한 해결책은 설교나 공언이 아니었다. 교인들을 모아 놓고 친밀한 분위기에서 자신의 견해를 정확하게 전달하는 것이었다. 말하자면 상황의 해석과 대화에 중점을 둔 것이다. 그리고 그것은 매우 성공적인 시도였음이 증명되었다. 만약 그런 해결책을 선호하지 않는 목회자라면 상징적 행동을 대안으로 선택해도 좋을 것이다. 특히 우리가 예배를 드리는 경험 속에서 깨어진 관계가 서서히 치유되는 현상이 일어날 수 있다.

# 인명색인

십자가의 *목회* : 우리의 야심을 버리고 그리스도를 섬기는 법

# 성구색인

십자가의 *목회* : 우리의 야심을 버리고 그리스도를 섬기는 법

십자가의 *목회* : 우리의 야심을 버리고 그리스도를 섬기는 법

십자가의 **목회**
Copyright ⓒ 새세대 2016

초판발행    2016년 3월 8일

지 은 이    앤드류 퍼브스
옮 긴 이    안정임

펴 낸 곳    도서출판 새세대
홈페이지    www.newgen.co.kr
이 메 일    churchgrowth@hanmail.net
출판등록    2009년 12월 18일 제2009-000055호
주      소    경기도 성남시 분당구 정자동 210-1
전      화    031) 761-0338 팩스 031) 761-1340


ISBN 928-89-967016-8-2 (03230)
책값은 뒤표지에 있습니다.